高职高专经济管理基础课系列教材

U0366904

# 网店运营与管理

陈　玲　主　编

闵海波　陈　丹　副主编

清華大學出版社

北　京

## 内 容 简 介

本书以高等教育的定位和人才培养目标为依据,吸取了各院校多年来的教学实践经验,从网店经营管理的实际需要出发,系统地阐述了网店经营管理的基本理论和基本操作技能。本书在内容上力求创新,引进了一些具有前沿性的新理论、新知识。为了方便教学和实训,本书根据每章内容,精心设计了扩展阅读、同步测试和项目实训等环节,使知识学习与实践紧密结合,有利于学生综合素质的培养和职业技能的提高,也有利于满足学生就业和企业用人的实际要求。

本书内容全面、结构严谨、形式新颖,可作为高职高专电子商务、经济管理、市场营销等专业的教学用书,也可供在职人员学习参考。

**图书在版编目(CIP)数据**

网店运营与管理/陈玲主编. —北京:清华大学出版社,2023.11
高职高专经济管理基础课系列教材
ISBN 978-7-302-64869-7

Ⅰ. ①网⋯　Ⅱ. ①陈⋯　Ⅲ. ①网店—运营管理—高等职业教育—教材　Ⅳ. ①F713.365.2

中国国家版本馆 CIP 数据核字(2023)第 215262 号

责任编辑:陈冬梅　杨作梅
封面设计:李　坤
责任校对:周剑云
责任印制:曹婉颖
出版发行:清华大学出版社
　　　　网　　　址:https://www.tup.com.cn, https://www.wqxuetang.com
　　　　地　　　址:北京清华大学学研大厦 A 座　　　邮　　编:100084
　　　　社 总 机:010-83470000　　　　　　　　　邮　　购:010-62786544
　　　　投稿与读者服务:010-62776969, c-service@tup.tsinghua.edu.cn
　　　　质量反馈:010-62772015, zhiliang@tup.tsinghua.edu.cn
　　　　课件下载:https://www.tup.com.cn, 010-62791865
印 装 者:三河市铭诚印务有限公司
经　　销:全国新华书店
开　　本:185mm×260mm　　　印　张:11.75　　　字　数:285 千字
版　　次:2023 年 12 月第 1 版　　　印　次:2023 年 12 月第 1 次印刷
定　　价:35.00 元

产品编号:085440-01

# 前　　言

本书结合教育部关于高等教育的定位及人才培养方案的要求确立的课程体系，旨在培养学生的综合素质和专业技能，并兼顾学生后续发展的需要。本书强调理论学习与实际应用的结合、边学边练，以培养学生应用能力为主线，具有高等教育的课程特色。

二十大报告中提出了加快构建节约型、环保型、绿色型消费模式，培育新兴消费市场等举措。这与推动经济发展、保障人民美好生活的目标相一致，也与构建和谐、公平、可持续的社会主义现代化国家的要求相一致。

社会主义价值观是社会主义道路的价值基础，是人民对美好生活的共同追求。通过本课程的学习对人民、企业以及社会有着重要的现实意义，对构建高水平社会主义市场经济体制，建设现代化产业体系，推进高水平对外开放，起到一定的积极影响。

本书主要有以下几个方面的特点。

## 1. 注重理论知识的系统性和前瞻性

本书遵循"实用为主，够用和管用为度"的原则，根据网店经营管理的学科特点构建知识体系。本书以开店准备、网店开设、网店美工、网店日常经营与管理、网店推广、网店工具、电商包装与物流、网店客服等内容为基本框架，吸收了业界的最新研究成果，体现了"以就业为导向、以能力为本位、以学生为主体"的指导思想，有利于教学、学习和实践。

## 2. 遵循教与学的客观规律进行设计

本书每章均包括知识目标、技能目标、知识要点、引导案例、扩展阅读、同步测试、项目实训、课程思政八大板块，并适当配以图表，表述内容翔实、形式新颖、图文并茂，增强了教材的生动性和可读性，有利于提高学生的阅读兴趣和自主学习能力。

## 3. 注重理论与实践的统一

本书每章都有典型案例并作了深入浅出的分析，融入情景实训，以行为示范引导学生对理论知识的学习和掌握，突出了教材的专业性、应用性和实践性，有利于学生固化知识、提升能力。

本书编写人员是具有多年教学经验和丰富从业经验的专业教师。在编写本书的过程中，我们还聘请了多名教学、科研和企业方面的专家予以指导和审定，力求使本书成为集行业理论知识、实践技能和教育教学经验于一体的高质量教材。

本书由陈玲担任主编，闵海波、陈丹担任副主编，具体分工如下：陈玲编写第一、七章，闵海波编写第二、三、四、五、六章，陈丹编写第八章，最后由陈玲统稿和审校。

本书在编写过程中参考了大量国内外书刊和业界的研究成果，在此向各有关人员表示衷心的感谢。

编　者

# 目 录

# 第1章 开店准备

【知识目标】

● 了解市场调查的定义、特征、作用等知识。

● 熟悉店铺定位、产品定位、营销定位等知识。

● 掌握网上商店的经营方式、销售模式等知识。

【技能目标】

● 具有初步开展市场调查的基本技能。

● 具有初步对店铺定位的基本技能。

● 具有初步寻找货源的基本技能。

【引导案例】

## 双十一生鲜电商促销

双十一卡德加网店在生鲜方面做促销活动的广告语：阿拉斯加海鲜预售，主打产品是阿拉斯加鳕鱼和帝王蟹，由阿拉斯加渔民为您捕捞。产品品质有保障，消费者有支持，为这次活动夯实了基础。活动的运营由几家经营海鲜的电商负责，他们具有多年水产海鲜经营经验，能够有效保障生鲜促销活动。

这次活动取得了不俗的业绩，鳕鱼销售创造了270万元的销售额，而且在完成发货后，店铺的评分依然保持5.0的高分，这对于生鲜电商实属不易。

双十一卡德加网店以进口海产品、保证品质稳定吸引消费者，而在线下该类产品并不多见，称得上是传统生鲜转型生鲜电商的典范，并且其行业经验丰富，对自身品牌负责，能保障产品品质，因此可以更好地完成双十一生鲜促销活动。

**讨论：** 谈一谈你的一次网购经历。

【知识要点】

# 1.1 市 场 调 查

市场调查，是营销管理工作的一个非常重要的组成部分，也是市场营销工作能否有效实施的基础。

市场调查是营销工作中正确制订营销方案的基础，同时也是能够制定合理的管理决策

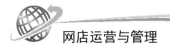

的重要前提。

## 1.1.1　市场调查的定义

市场调查就是指运用科学的方法，有目的地、系统地搜集、记录、整理有关市场营销信息和资料，分析市场情况，了解市场的现状及其发展趋势，为市场预测和营销决策提供客观的、正确的资料。市场调查是市场营销调查研究的简称，也称为市场调查、营销调查等。它采用科学的调查方法和技术，系统地开展营销信息收集、整理、分析研究，并得出一定的营销结论的活动和过程。市场调查具有三个方面的功能。

(1) 市场调查是制定正确的市场营销决策的基础，它不仅能获得市场信息的反馈，也可以向决策者提供关于当前市场的信息，以避免拟订服务决策错误，从而造成巨大财务损失。

(2) 开展市场调查有利于开拓新市场，提供发展新契机。同时，也可以对现况行销活动之得失，给出适当的建议。

(3) 市场调查有利于改善经营管理，了解市场及顾客服务需求，提高服务人员的服务水平，提高管理者的管理水平，进而提高产品的质量，保障企业的生存和发展。

## 1.1.2　市场调查的特征

市场调查具有以下几个方面的特征。

### 1. 目的性

市场调查是个人或组织的一种有目的的活动。在市场调查中目标必须明确，只有目标明确，才能确定调查的方向，它是保证调查工作顺利进行的前提。

### 2. 系统性

市场调查是一个系统的过程。在市场调查工作中搜集到的各种数据，要符合主题的思想，然后将各种复杂多样的数据变成简单且清晰的图表，并且能够将频率的分布和时间的序列，全面且充分地展现给每个客户，这就是调查的系统性工作表现之一。

### 3. 社会性

调查报告所总结的调查结果，对社会各方面都具有指导意义；调查报告能够比较客观地反映市场需求的愿望，从而提供符合市场需求的服务。调查报告可以从各个不同的侧面客观地反映社会发展情况和问题，具有明显的社会功能。

### 4. 科学性

市场调查的方法具有一定的科学性，如果只是胡乱调查，得出的结果不仅不准确，还可能使人作出错误的市场判断，造成比较大的损失。而科学的方法有助于市场调查的顺利完成，并且结果准确。

### 5. 不确定性

科学谨慎的营销调查一般具有不确定性。市场调查是运用科学的方法，有目的地、系统地搜集、记录、整理有关市场营销的信息和资料，分析市场情况，了解市场现状及其发展趋势，为市场预测和营销决策提供客观的、正确的资料。市场调查的结果受多种因素的影响，故而具有不确定性的特点。

### 6. 时效性

市场调查一般具有时效性的特点，在实际操作过程中，各种表格、组织图形和矩阵等具有时效性，数据体现当时的情况，并且具有多方面的表达形式，就被统一应用到这份调查报告中。当然，最常用到的是柱状类型的图表和条形的图表。只有充分发挥其时效性的功能，才能够对经济运作方针起到重要的指导作用。

### 7. 准确性

市场调查是用事实说话，资料的真实性和准确性非常重要。调查报告采用的材料应是经过认真核实鉴别的，是具体的、有点有面的，而不是抽象的。只有在开展市场调查工作中，选择真实的材料作为基本的依据，才能够恰当合理地设计出各种调查方法，使得整个调查报告更具有准确性。

### 8. 效益性

市场调查的过程中需要一定的经济成本支出，例如购进调查相关设施设备、提供答谢礼品等。因此，在进行市场调查时也要注重经济效益，以较少的投入取得良好的效果。

## 1.1.3　市场调查的作用

市场调查具有十分重要的作用，主要表现在以下几个方面。

(1) 通过了解分析提供的市场信息，可以避免在制订营销策略时发生错误，或可以帮助营销决策者了解当前营销活动的得失，以作适当纠正。只有实际了解市场情况，才能有针对性地制订市场营销决策。

在进行决策时，通常要了解的情况和考虑的问题很多，这些问题只有通过具体的市场调查，才能得到具体的答复，而且只有通过市场调查得来的具体结果才能作为管理的依据。否则，就会形成盲目的、脱离实际的决策，而盲目则往往意味着失败和损失。

(2) 正确的市场信息可以帮助商家了解市场对服务的需求与要求，从而为其完善服务质量、提高服务水平发挥重要作用。

市场竞争的发展变化日益激烈，市场因素和市场环境因素促使市场发生变化，这两类因素往往又是相互联系和相互影响的。为适应这种变化，就只有通过市场调查，及时地了解各种市场因素和市场环境因素的变化，通过对市场因素，如价格、服务结构、广告宣传等的调整，去应对市场竞争。

(3) 有助于了解当前行业的发展，以及基础设施的建设，为改进经营活动提供帮助。

随着消费多样化、生产柔性化、流通高效化时代的到来，社会和客户对服务的要求越来越高，服务的优质化将是今后发展的重要趋势。通过市场营销调查，可以更好地改进服务质量，提升服务人员的素质，提高管理人员的管理水平。

(4) 为市场宣传推广等提供帮助与支持。网店经营强调服务功能的恰当定位与完善化、系列化，并且在市场宣传推广的方面还需要市场上的其他因素支持，例如在消费者认同度、品牌知名度、满意度、市场份额等各方面提供优势信息以满足进一步需要。

# 1.2 市场调查的步骤

市场调查是一项复杂的工作，要想顺利地完成调查任务，就必须有计划、有组织、有步骤地进行。市场调查通常包括五个步骤：确定调查主题、制定调查方案、收集信息、分析信息和撰写调查报告。

## 1.2.1 确定调查主题

为了保证市场调查结果的有效性，首先需要确定市场调查的主题。在很多情况下，对于市场营销中出现的或要解决的问题，要提出一个大致的市场调查范围，再确定调查主题。确定调查主题就是要明确调查工作所要解决的主要问题。

## 1.2.2 制定调查方案

市场调查方案涉及市场调查活动的多个方面，一个完善的市场调查方案一般包括以下几方面内容。

### 1. 明确市场调查目的和要求

市场调查方案设计的第一步是在确定调查主题的前提下明确调查目的。根据市场调查目标，在调查方案中列出本次市场调查的具体要求。例如，本次市场调查的目的是了解某服务的顾客对服务的满意度等。

### 2. 确定市场调查内容

在确定市场调查目的的基础上，就可以进一步地明确市场调查的内容。市场调查的内容是收集资料的依据，具有可操作性，是市场调查的目的能够实现的标志，可根据市场调查的目的确定具体的调查内容。

### 3. 确定收集资料的方法

在市场调查过程中会产生大量资料，调查人员需要对这些资料进行收集、整理、分类等，因此，在制定市场调查方案中需要确定收集资料的方法。收集资料的方法是指资料获取的方法。收集资料的方法有很多，包括收集文献调查法、街头调查、邮件调查、网络调查等。以上几种方法都是人们常用的，各种资料收集方法有各自不同的优缺点，根据调查的需要来选择收集资料的方法，这样才能取得良好的效果。

### 4. 确定抽样方法

根据调查范围的不同，市场调查分为普查和抽样调查。普查涉及的范围广且工作量大，因此耗费的人力物力较多。考虑到可行性和成本等因素，市场调查常采用抽样调查方法。由于调查对象分布范围较广，所以应制定一个抽样方案，以保证抽取的样本能反映总体情况。样本的抽取数量可根据市场调查的准确程度的要求确定，市场调查结果准确度要求越高，抽取样本数量应越多，但调查费用也越高。

### 5. 确定资料分析方法

如何处理收集到的资料是调查活动的重要内容，也是调查方案设计的重要内容，它会对调查活动的价值和实现调查活动的目的产生重要影响。根据调查可获取信息与资料性质的不同，对资料的处理和分析方法进行设计，制订资料整理的计划。资料的整理方法一般可采用统计学中的方法，对调查表进行统计处理。

### 6. 调查活动计划

完整的调查活动方案还应包括各项工作开始和完成的调查工作进度表，即调查活动计划。它可以帮助调查者准确控制调查活动的开展，保证任务的圆满完成，也能让管理者了解活动的进展情况。制订市场调查进度表一般需要考虑整个调查活动安排中不同工作的特

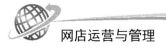

点、难易度、重要性等，以及调查人员的能力等一系列因素，以便进行合理的设计。另外，还需要考虑各种意外情况发生的可能性，给调查计划的安排留有一定的弹性空间。

### 7. 调查组织计划

市场调查组织计划是指为保证市场调查工作的良好开展，有关调查人员的职位设置构架。调查组织计划一般包括以下三个内容：组织领导、机构设置；人员配备；人员培训。它是调查活动顺利开展的保障。

### 8. 确定费用计划

开展市场调查活动必然会有一定的费用支出，在调查方案设计过程中应该编制费用预算。在编制费用预算过程中应尽量做到：①全面性，将可能出现的必要费用尽量全面地考虑在内；②节约性，保证实现调查目的的前提下，尽量节约调查费用。③准确性，预算的编制要求合理、公正。

## 1.2.3　收集信息

收集信息是指通过各种方式获取所需要的信息。收集信息工作的好坏直接关系到整个市场调查工作的质量。为了保证收集信息的质量，应坚持以下原则：准确性原则，即要求所收集到的信息真实可靠；全面性原则，即要求搜集到的信息要广泛、全面完整；时效性原则，即要求该信息能及时地提供。市场调查资料一般包括两大类：原始资料和二手资料。根据调查方案的安排，对市场调查资料进行收集，是资料收集的具体实施阶段。

## 1.2.4　分析信息

如何处理收集到的资料是调查活动的重要内容，也是调查方案设计的重要内容。这一步骤直接决定了调查活动最后的价值和调查目的的实现。分析信息包括对收集到的信息进行汇总、归纳和整理，对信息资料进行分类编号，选择合理的分析方法进行定性与定量分析。在收集资料的基础上，按照调查计划的安排，对所收集的资料进行分析，从而形成对营销更具指导意义的结论和判断。

## 1.2.5　撰写调查报告

在调查中，这是最后一个步骤。在这个阶段，调查人员将调查结果汇总成书面形成。调查报告是在整理分析资料基础上进行的结论性判断。调查报告要简明扼要，将主要调查问题阐述清楚，并逐一提出有针对性的建议。调查报告一般应包括引言、正文、结论与附件等部分。

# 1.3 市场调查的方法

市场营销调查方法非常多，在市场调查中，很多方法都可以用到。

## 1.3.1 信息搜集方法

常见的信息搜集方法包括二手资料搜集、深度访谈法、问卷调查法、询问法等。

### 1. 二手资料搜集

二手资料是指特定的调查者按照原来的目的搜集、整理的各种现成的资料，又称次级资料。二手资料比较容易得到，相对来说比较便宜，并能很快地获取。有些二手数据，例如由国家统计局普查结果所提供的数据，是不可能由任何一个调查公司按原始数据去搜集的。尽管二手数据不可能提供特定调查问题所需的全部答案，但它在许多方面都是很有用的。

### 2. 深度访谈法

深度访谈法是指市场调查人员和一名被调查者在轻松自如的气氛中，围绕某一问题进行深入的探讨。深度访谈法适用于了解复杂、抽象的问题。这类问题往往不是三言两语可以说清楚的，只有通过自由交谈，对所关心的主题深入探讨，才能从中概括出所要了解的信息。与小组座谈会一样，深度访谈法主要也是用于获取对问题的理解和深层了解的探索性研究。深度访谈法的优点是：消除群体压力，使受访者感受到被重视，从而可以深入了解受访者的意思。其缺点是增加了调查的难度，容易受调查人员素质与偏好的影响。

### 3. 问卷调查法

问卷调查法是通过让被调查者填写问卷的方式来搜集资料、调查情况的一种方法。所谓问卷是一组与市场调查有关的问题，或者说是一份为进行调查而编制的问题表格，又称调查表。问卷调查法是通过发放、填写、回收、整理、汇总各种问卷调查表，从而进行调查的方法。它是人们在社会调查研究活动中用来收集资料的一种常用工具。

### 4. 询问法

在市场调查过程中，询问法是经常使用的调查方法。询问法是用询问的方法搜集市场信息资料的一种方法。询问法由于直接、省时等特点，在市场调查中被广泛使用。询问法

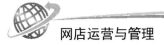
的优点是调查询问的问题明确，能够在较短的时间内获得比较及时、可靠的调查资料。其缺点是调查的内容有限，有时不能够准确地反映情况。

除了常规的调查方法外，在市场调查过程中，网络调查法、实地调查法等也普遍会被使用。

## 1.3.2　抽样方法

抽样调查是指从全体调查对象(称为总体)中抽取部分对象(称为样本)进行市场调查，用所得样本结果推断总体情况的调查方法。按照调查对象总体中每一个样本单位被抽取的机会(概率)是否相等，抽样调查可以分为随机抽样方法和非随机抽样方法。

### 1. 随机抽样方法

随机抽样方法是指按照随机原则从总体中抽取部分单位来构成样本。随机抽样须严格遵循概率原则，每个抽样单元被抽中的概率相同，并且可以重现。随机抽样常常用于总体个数较少时，它的主要特征是从总体中逐个抽取。

抽取的样本具有一定的代表性，可以从调查结果推断总体；其操作比较复杂，需要较长的时间，而且往往需要较多的费用。

### 2. 非随机抽样方法

当研究者对总体具有较好的了解时可以采用此方法，或是总体过于庞大、复杂，采用概率方法有困难时，可以采用非随机抽样来避免随机抽样中容易抽到实际无法实施或"差"的样本，从而避免影响抽取样本对总体的代表性。非随机抽样方法不具有从样本推断总体的功能，但能反映某类群体的特征。

## 1.3.3　问卷设计

调查问卷设计是一项十分重要的工作，它直接关系到调查工作的成效。

### 1. 问卷基本格式

一份完整的调查问卷通常是由问卷标题、调查说明、填写说明、调查内容、致谢五部分组成。

(1) 问卷标题。问卷的标题主要是向被访者表明本调查问卷的主题，应简明清晰，通俗易懂。

(2) 调查说明。主要是向被调查者说明此项调查的目的和意义，让被调查者了解调查的作用，争取被调查者的支持与合作。问卷调查是一项协商性调查，取得对方的配合才能获得最佳效果。

(3) 填写说明。主要介绍问卷的填写要求、调查题目的解释说明、填写时的注意事项、调查人员遵循事项等，使受访者能够正确填写调查问卷。

(4) 调查内容。它是调查问卷的主体，也是调查问卷的核心内容。这部分内容的设计直接关系到本次调查活动的质量和效果。调查问卷应根据主题，从实际出发拟题，应目的明确，重点突出，不能出现可有可无的问题。

(5) 致谢。在调查问卷的结尾，应向被调查者表示感谢。以真挚的话语对被调查者的配合表示感谢。

## 2. 问卷设计步骤

问卷设计一般来说包括以下几个步骤。

(1) 确定需要的信息。结合调查的具体要求，根据调查的内容划定调查的范围，确定需要收集的资料。

(2) 确定问题的内容。这一环节中首先根据要调查的内容拟定问题，确定在调查问卷中要提出哪些问题或包含哪些调查项目，问题数量要适中，难度不宜过大。

(3) 确定问题的类型。拟定问题时要充分考虑到应答人群适合什么样的题型。问题的类型一般包括以下三类。

① 开放式问题：即允许被调查者用自己的话来回答问题，不受限制，以表示对对方的尊重。由于采取这种方式提问会得到各种不同的答案，不利于资料的统计分析，因此在调查问卷中这类问题不宜过多。

② 选择题：对于一个问题列举几个答案，让被访者在限定的答案中选择。采用这种题型易于理解并可迅速得到明确的答案，便于统计处理和分析。

③ 是非问题：把问题的答案简化成"是"与"否"两种。该题型回答起来简单明了，且答案易于整理，但是可能无法完整地表达出应答者的意见。

(4) 确定问题的词句。要以简明扼要的语言表述问题，问题中不可带有生疏的专业用语或方言。对问题还要进行严格的筛选，对于不必要的问题要尽量删除。问题的词句必须斟酌使用，应避免由于词句的错误而造成的错误回答。

(5) 确定问题的顺序。设计问卷时问题的顺序也必须加以考虑，问题的顺序对应答者会产生影响。容易的问题放在前面，按时间顺序、类别顺序等合理排列，注意问题前后顺序的连贯性。

(6) 问卷的试答和定稿。一般在正式调查前，应选择小样本进行预试，以发现问卷的缺陷，并根据试问的情况，对存在的不足进行修订。在试发放后，要结合应答的情况进行综合整理，改正不足后再确定问卷，从而提高问卷的质量。

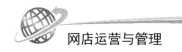

# 1.4 店 铺 定 位

随着网络时代的迅速到来，在网上开店成为很多人的梦想。商家们对于运营中的每一步、每一个数据都应该做好分析，只有对每步都做好充分的分析和深入的了解才能更好地了解店铺、了解产品。在开店初期都会有一个店铺定位的过程，因为我们不可能销售所有的商品，所以需要对店铺销售哪方面的商品进行一个定位。

店铺定位规划很重要，基本上可以决定其经营情况。如果一个店铺一直没有成交量，这是为什么呢？出现这个情况，最大的可能就是店铺的定位没做好，甚至没有进行定位，或者是定位模糊不清，从而导致客户流失。那么，到底该如何做店铺定位呢？通常包括下面所述的几个方面。

## 1.4.1 产品的定位

在网店运营中，产品定位是非常重要的一个环节。产品定位是指确定产品在消费者心目中的形象和地位。产品定位的重要性和难度不言而喻。网店产品的定位一般要考虑以下几个因素。

### 1. 产品有特色

首先应该决定要销售什么产品。现在市场上的产品五花八门，商家和类目都很多。要结合店铺的特点进行商品种类的选择。其次是确定好风格。就好比做服装店，是走甜美可爱路线还是复古轻奢风。总之，选择的类目或者是产品，商家自己一定要进行充分了解，如果自己对产品都不清楚，怎么去向别人推荐呢？

### 2. 价格要公道

商品价格是与商品经济紧密联系的一个经济范畴，是商品价值的货币表现。商品的价值量由生产这种商品所耗费的社会必要劳动时间所决定。

通常，网上定价一定要比现实市场上的实惠，不仅价格便宜公道，而且售后服务要好，商品质量要高，这样才能使消费者成为长期客户。通常在定价时，需要结合商品的属性特征，以及同类的商品定价等，综合地对产品进行定价。

### 3. 品种要丰富

商品的用途、原材料、生产方法、使用状态等是这些商品最本质的属性和特征，是商品分类中最常用的分类依据。销售类目实际上是非常多的，具有多个大类，大类下边又分有许多小类目。 目前比较畅销的有服装、数码、汽车、运动商品等。

网店经营要产品特色鲜明，品质优良。同类产品，品种要丰富，物美价廉。每个消费者都希望自己所逛的店铺产品琳琅满目，如果每类产品只有一件或者几件，消费者就会失去逛店的兴趣。

### 4. 图片要实拍

产品图片的重要性众所周知，优质的网店自然少不了精美的产品图片，因为网店无法做到将实物放在消费者面前，所以只能通过图片的方式去清晰表达。产品图像是产品页面中最重要的部分之一，它不仅向顾客展示产品的外观，还会影响他们购买后的感受。单靠语言是无法准确描述产品的，所以产品拍摄就显得尤为重要。

为了向消费者更好地展示商品，产品图片要实拍，以方便消费者对产品的认知。而拍摄的高分辨率的产品图片，有助于更好地展示产品，建立购物情境，创造购物氛围。

### 5. 商品描述要详尽

在运营店铺时，一定要对产品进行详细的描述，要让顾客了解产品的优点及功能。商品名称、商品图片和商品描述体现了一家网店的形象，那么，如何对商品进行描述？可以通过文字、图片和视频等形式来阐述商品详情。

通常，商品描述需要遵循真实性和专业性两大基本原则。介绍商品时，应从诚信出发，不要太夸张。主要是让顾客知道主营商品以及经营范围，详细介绍产品的参数、型号、图片、价格等信息。把产品的优势、最吸引人的地方放在商品介绍中，当顾客浏览商品时，看到商品的介绍，就能够全面了解产品。

## 1.4.2　消费群体的定位

消费群体定位是直接以某类消费群体为诉求对象，突出产品专为该类消费群体服务来获得目标消费群认同的特点。把品牌与消费者结合起来，有利于增强消费者的归属感。网上店铺也需要对人群进行定位，从而使店铺的商品能够精准地推送到消费群体中，这样有利于协调供求关系，缓解大部分商家竞争白热化的情况，进而保证了新手卖家能够获得公平的竞争机会。例如，产品特点是潮流，那么购买产品的消费者也应该是以追求新潮的人居多。只有定位好自己的顾客群体，才会有明确的销售方向。

## 1.4.3　营销定位

营销是发现或挖掘消费者需求，让消费者了解该产品进而购买的过程。采用什么样的

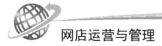

推广方法、产品如何定价、如何进行促销，这些都是要考虑的基本问题。以店铺装修为例，店铺装修是根据店铺风格进行的，当然店铺风格和店铺的诸多方面密切相关，例如运动服饰店，其风格就应该是专业而且有活力的。

常见的经营思路通常有五种，可以按照这些思路对店铺进行恰当的定位。

### 1. 价格定位

以价格为店铺定位点。利用价格形成特色，廉价经营，如特价店、2元店等。

### 2. 专业定位

以专业性为店铺定位点。利用商品或店铺的专业表现吸引顾客，体现店铺的专业性。如某产品专卖店、某专业人士开设的店铺、养蜂人——蜂产品专卖店等。

### 3. 特色定位

以商品或者店铺的特色为定位点。利用店铺与众不同的地方吸引顾客。如全天候的店铺，高标准服务的店铺，销售时尚、创意类商品的店铺等。

### 4. 情感定位

以把握顾客的情感为店铺定位点。良好的店铺名能够满足顾客的情感需求，从而吸引顾客，如状元书店等。

### 5. 附加值定位

以商品或服务的附加值作为店铺定位点。店铺能够满足商品附加值的提升或对服务感受的延伸也可吸引顾客，如购买家用电器可以免费送货安装等。

综合来说，网店经营离不开店铺正确的营销定位。商家一定要清楚自己店铺的营销定位和运营模式，了解行业的最新动态，做好营销定位，才能做好网店经营。

## 1.4.4　心态的定位

要做好网店，我们一定要保持以下心态。

### 1. 乐观的心态

拥有积极的心态就不会因为小事而烦恼，而是以乐观向上的心态去面对生活。要想做好网店经营，就必须拥有积极乐观的心态。

### 2. 感恩的心态

愿意为消费者提供一些附加的服务，如赠品、安装使用指导等。可以为了消费者的利益，牺牲自己部分的利益。多向顾客表示谢意，感谢顾客在自己的店铺上花时间，感谢顾客购买自己的产品。

### 3. 宽容的心态

不管出现什么情况，我们都要有一颗宽容的心，多站在对方的立场考虑问题，宽容别人其实就是给自己机会。

### 4. 坚强的心态，不怕困难

网店经营过程中会遇到各种各样的困难，面对种种困难，你可能会产生很大的压力，面对压力要能自我调整。

以上介绍了一些关于店铺定位的内容，只要掌握了上述的各种定位原则，那么多少都会有所收获。

# 1.5　货　源　寻　找

对于很多网店新手而言，销售什么商品是个很棘手的问题。绝大部分店主一开始不知道销售什么产品好。货源是网店经营的重要方面，好的货源在很大程度上决定了网店能否开办成功。怎样才能寻找到适合自己在网上开店的货源呢？下面讲一讲这方面的知识。

## 1.5.1　网店的经营方式

网店主要有以下三种经营方式。

### 1. 实体店与网店相结合的经营方式

在经营一个实体店的同时，把实体店内的商品也放在网店进行销售，这样网店中商品的价位与质量就都可以得到有效的保障。有实体店的支持，网店的销售服务会更好。例如，小米品牌的小米商城基本是面向年轻人的，而小米之家这个线下店铺，更多的是扩大小米的品牌影响力。

### 2. 专职经营网店

这种方式是经营者将全部的精力都投入到网店的经营上。这种经营方式可以得到很大的收益。专职经营网店肯定比兼职经营网店要做得好，问题的关键是要分析自己到底适不适合专职经营网店。对于网店新手来说，想要做一个专职网店是十分困难的，不仅要具备网店经营的基本知识，而且还要积累很多相关的经验才可以做到。

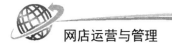

### 3. 兼职经营网店

这种方式是经营者将开网店作为自己的兼职工作，这种经营方式收益相对小，风险也相对较小。兼职经营网店要有时间，还要有耐心，售后服务必须要跟上。兼职经营网店比专职经营网店的压力小很多，而且兼职经营的网店一般投资比较小，商品库存量积压也比较少。这种方式适合上班族或者在校生等。

## 1.5.2 选择商品

### 1. 选择商品的原则

(1) 物以稀为贵。今天的消费者，无不在讲究商品个性化。换言之，消费者追求的是有品味、有特色，而这样的商品也会被更多人关注，买的人自然也就更多。

(2) 抓住地区优势，靠山吃山。卖家可以利用地区优势寻找特产，上架其他地方没有的商品，把各具特色的地区优势转化为市场竞争优势。做到绿色发展，促进产业兴旺、生态文明。

(3) 尽量做自己熟悉和喜欢的行业产品。销售自己有优势的产品，即自己喜欢、熟悉的产品为最好，这样才能更好地为顾客介绍自己的产品。如果自己都不懂，如何能为顾客提供更好的服务呢？

### 2. 适合在网上销售的商品

据业内人士分析，适合在网上销售的产品大致具有以下几个显著的特点。

(1) 较高附加值的商品。"高附加值产品"是在产品原有价值的基础上，通过生产过程中的有效劳动新创造的价值，即附加在产品原有价值上的新价值的产品。

(2) 体积较小的商品。主要是方便运输、便于邮寄，可以降低购买成本的商品。体积较大或者较重的商品运输费用较高。

(3) 价格优惠的商品。通常网上销售的商品要比线下的价格便宜，如果线下可以用相同的价格买到，就不会有人在网上购买了。物美价廉的商品或优惠活动能够提升顾客购物的兴趣，网店在提供省时省心更省钱的商品的同时，也要提供更优质的服务。

(4) 通过图片和文字即可展示的商品。顾客可以通过图片、文字等内容确定对商品是否有兴趣。如果商品必须要近距离接触才能得到购买者的信任，那就不适合在网上销售。

(5) 新奇特产品。线下不容易买到或买不到的产品，如外贸订单或者新产品等。新奇特产品可分为新奇特商品、新奇特礼品、创意家居用品、懒人用品、时尚风格饰品等。

(6) 物流成本较低的商品。网店销售的商品通常物流成本较低。因为物流费用的增加无疑会增加买家的购物成本，从而降低买家的购买欲望。

（7）知识型产品的商品。这类产品属于智力密集型的产品，如图书、音像产品等商品，这些都适合在网上销售。

（8）被普遍接受的标准化产品。这类产品是大多数人都会选择的产品，具有较高的可信度，其质量、性能易于鉴别，比如电子产品及标准化的商品。

事实上，商品自身的属性也对销售有一定的制约作用。一般来说，商品的价值高，投入就相对比较大，对于那些既无销售经验，又缺少原始资金的创业者而言，高价值确实是一个不小的负担。同时，一些体积较大、较重而价格又偏低的商品不适合在网上销售。

### 3. 不能在网上销售的商品

（1）法律法规禁止或限制销售的商品，如武器、弹药等。

（2）假冒伪劣的产品。

（3）用户不具有所有权或支配权的商品。

（4）其他不适合在网上销售的商品。

## 1.5.3　销售模式

### 1. 产品代理

概括地讲，产品代理就是通过代理的形式，根据双方协议达成的合同进行推广、销售、管理和运送等活动。它是产品的一种交易和流通方式，代理关系较为持久，合同明确细致。有实力、有资历的企业，对于代理商除了价格、促销、广告方面的支持外，还应为经销商提供营销服务、业务培训和指导等，帮助经销商提升经营能力。

### 2. 产品代销

代销是指以代销方的名义销售产品，盈亏由被代销方负责，可以先付款或售出后付款(双方商议确定)，剩余产品仍可退还。代销关系较短暂，合同粗略，有些代销商只收取佣金。网店代销基本上分虚拟物品代销和实物代销两种。网店代销可以免费为网店提供货源，方便了一些想开店但没有资金的初级卖家。

### 3. 直接进货

去批发市场直接进货也是一种常见的进货模式。如果当地周边有这样的市场，并且自己具备一定的议价能力，就可以采用直接进货模式。一般来说，正规的批发市场和货源充足、信用度高的厂家，适合直接进货的批发顾客。对于新手来说，找到一个合适的进货模式是很重要的。

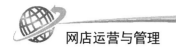

## 1.5.4　进货渠道

根据中间商的不同层次，可将进货渠道按级数进行划分，如零级进货渠道、一级进货渠道、二级进货渠道、三级进货渠道。通常，网店的进货渠道包括以下几种。

### 1. 从批发市场直接进货

在网店开设的最初阶段，商品销售量不大，在本地批发市场廉价进货，完全可以满足网店的需求，这样就能保证网上销售的低价位。

### 2. 从厂家进货

正规的厂家商品质量好，服务态度好，如果卖家有足够的资金储备，并且不会有压货的风险或不怕压货，就可以选择从厂家进货。

### 3. 关注外贸产品

外贸产品因其质量、款式、面料、价格等优势，一直是网上销售的热门品种。

### 4. 寻找品牌积压库存

有些品牌商品的库存积压很多，一些商家就会把库存全部卖给专职网络卖家。如果能以低廉的价格把库存买下来，一定能获得消费者的青睐。

### 5. 搜寻民族特色商品

民族工艺品的价值很高，其民族特色足以使它在琳琅满目的商品中脱颖而出，它们不仅能够吸引顾客，而且还有其他产品无法取代的特点。

### 6. 网络代销

网店代销需要将代销商品数据上传到自己的网店并上架销售，接待其顾客，并做好导购服务。代销比较消耗时间，同时会有相当大的工作量，要求代销者应具有良好的沟通能力及通情达理的基本素质。

### 7. 淘宝分销

分销是一种普遍存在的商业模式，随着淘宝规模的逐步扩大、网商品牌的日渐树立，淘宝分销也在网上成为一种新的发展趋势。

# 扩 展 阅 读

**大学生消费调查问卷**

为了了解当今大学生的消费问题,现在开展一次关于大学生消费的调研,请如实填写(不方便的可以留空),在此谨祝您学业顺利。

## 一、选择题

(1) 您的月消费额为(　　)。

    A. 350 元以下　　　　B. 350～500 元　　　　C. 500～800 元

    D. 800～1200 元　　　E. 1200 元以上

(2) 您每月饮食方面的支出(包括零食饮料)为(　　)。

    A. 250 元以下　　　　B. 250～350 元　　　　C. 350～450 元

    D. 450～600 元　　　　E. 600 元以上

(3) 您每学期在学习方面的花费(包括文具、书籍、复印、培训费)为(　　)。

    A. 200 元以下　　　　B. 200～300 元　　　　C. 300～400 元

    D. 400～600 元　　　　E. 600 元以上

(4) 您是否有定期出去聚餐的习惯或请朋友吃饭的行为?如果有,平均每月用于这方面的支出为(　　)。

    A. 50 元以下　　　　　B. 50～100 元　　　　　C. 100～150 元

    D. 150～200 元　　　　E. 200 元以上

(5) 如果您是女生,您平均每个月花在服饰和化妆品方面的费用为(　　)。

    A. 基本不花费　　　　B. 50 元以下　　　　　C. 50～100 元

    D. 100～200 元　　　　E. 200 元以上

(6) 您每个月的话费支出为(　　)。

    A. 50 元以下　　　　　B. 50～100 元　　　　　C. 100～200 元

    D. 200～300 元　　　　E. 300 元以上

(7) 您是否有打工的经历,如果有,或有此打算,那您的目的是(　　)。

    A. 补贴日用　　　　　B. 增长社会经验　　　　C. 赶时髦

    D. 渴望独立　　　　　E. 闲着没事,找点事做

(8) 您花费的资金主要来自(　　)。

    A. 校内勤工俭学　　　　B. 利用休息日在外做家教

C. 给企业打工　　　　　　D. 家里提供，自己很少挣钱

E. 其他

(9) 您的家庭月总收入为(　　　)。

A. 500 元(以下)　　　B. 500～1500 元　　　C. 1500～3000 元

D. 3000～5000 元　　　E. 5000 元以上

(10) 您觉得自己现在每月消费情况(　　　)。

A. 十分高　　　　　　B. 偏高　　　　　　　C. 刚刚好

D. 偏低　　　　　　　E. 十分低

## 二、问答题

(1) 您有没有在不知不觉中花去很多钱的体验？如果有，您觉得这部分花费是否有必要？

(2) 如果您认为不必要或者很大一部分不必要，您能想出什么办法避免这部分花费吗？

# 同 步 测 试

## 一、单项选择题

1. 市场调查是用事实说话，资料的真实性和准确性是十分重要的。调查报告采用的材料应是经过认真核实鉴别的，是具体的、有点有面的，而不是抽象的。这句话的意思是说明市场调查具有(　　　)。

　　A. 科学性　　　　B. 不确定性　　　　C. 系统性　　　　D. 准确性

2. 市场调查的方法具有一定的(　　　)，如果只是胡乱调查，得出的结果不仅不准确，还可能给人造成错误的市场判断，甚至比较大的损失。同时，科学的方法有助于市场调查的顺利完成，并且结果准确。

　　A. 科学性　　　　B. 不确定性　　　　C. 系统性　　　　D. 准确性

3. (　　　)是通过让被调查者填写问卷的方式来收集资料、调查情况的一种方法。

　　A. 深度访谈法　　B. 询问法　　　　C. 问卷调查法　　D. 二手资料收集法

4. (　　　)是指发现或挖掘消费者需求，让消费者了解该产品进而购买该产品。采用什么样的推广方法、产品如何定价、如何进行促销，这些都是我们要考虑的一些基本问题。

　　A. 营销定位　　　B. 产品定位　　　　C. 价格定位　　　D. 店铺定位

5. 概括地讲，(　　　)就是通过代理的形式，根据双方协议达成的合同进行推广、销售、管理和运送等活动。它是产品的一种交易和流通方式。

　　A. 产品代理　　　B. 产品代销　　　　C. 特许加盟　　　D. 连锁经营

## 二、多项选择题

1. 市场调查的步骤包括(　　)。

　　A. 确定调查主题　　　　B. 制定调查方案　　　　C. 收集信息

　　D. 分析信息　　　　　　E. 撰写调查报告

2. 抽样调查按照调查对象总体中每一个样本单位被抽取的概率是否相等,可以分为
(　　)和(　　)。

　　A. 深度访谈法　　　　　B. 询问法　　　　　　　C. 问卷调查法

　　D. 随机抽样调查　　　　E. 非随机抽样调查

3. 完整的市场调查问卷通常是由(　　)组成。

　　A. 问卷标题　　　　　　B. 调查说明　　　　　　C. 填写说明

　　D. 调查内容　　　　　　E. 致谢

4. 网店产品的定位一般要考虑的因素有(　　)。

　　A. 产品有特色　　　　　B. 价格要公道　　　　　C. 品种要丰富

　　D. 图片要实拍　　　　　E. 商品描述要详尽

5. 不能在网上销售的商品包括(　　)。

　　A. 法律法规禁止或限制销售的商品,如武器、弹药等

　　B. 假冒伪劣的产品

　　C. 用户不具有所有权或支配权的商品

　　D. 其他不适合在网上销售的商品

## 三、简答题

1. 什么是市场调查?

2. 市场调查的作用有哪些?

3. 做好网店一定要保持什么样的心态?

4. 选择商品的原则有哪些?

5. 如何对店铺进行恰当的定位?

## 四、案例分析

### 卡弗蒂彭羊肉

　　卡弗蒂彭羊肉是某地的一家龙头养殖企业,随着电子商务的发展,该企业开设了网络旗舰店,并开展网店运营。其开展促销活动的时间是 10 月中下旬,此次销售取得了 170 多万元的销售额,11 月开始陆续发货,11 月底基本完成发货,在用户评论中也有一些差评,主要集中在快递和产品宣传方面,但最后的店铺评分为 4.7 左右。目前,该店铺已经形成了

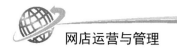

持续销售，主打产品保持着每月 200～500 件的销量。

**思考题：**

阅读以上案例，谈一谈你的想法。

# 项 目 实 训

## 市场营销调查问卷设计

本次实训将教师的知识讲授、案例分析与实训练习相结合，以帮助学生更好地理解市场营销调查的相关理论，做好市场营销调查活动。

### 实训目的

(1) 增进学生对市场营销调查的了解和兴趣。

(2) 帮助学生深入理解市场营销调查的相关理论和知识。

### 实训内容

确定一个市场营销调查主题，学生进行调查问卷的设计，教师对问卷进行评价。

### 实训要求

| 训练项目 | 训练要求 | 备　注 |
|---|---|---|
| 市场营销调查认知 | (1) 熟悉市场营销调查的概念；<br>(2) 掌握市场营销调查的相关理论；<br>(3) 初步具有市场营销调查活动意识、专业感情和职业情感 | 熟悉市场营销调查的概念和相关理论 |
| 市场营销调查实训 | (1) 了解市场营销调查的发展；<br>(2) 掌握市场营销调查的步骤；<br>(3) 能够初步进行市场调查问卷设计 | 运用正确理论指导市场营销调查相关活动 |

# 课 程 思 政

我们的社会主义核心价值观引导着绿色、环保、健康等方面的发展，不断提高人民群众的美好生活，包括消费品质量、安全、便利性、诚信、服务、可持续性等方面的提高，需要做到以下几点。

服务社会：为社会做出贡献，提供高质量的产品和服务来满足客户需求。

公平和平等：强调公平和平等，需要确保公平的价格和对每个客户平等的服务。

诚信和信任：强调诚信和信任的重要性，建立客户信任的基础，提供可靠的产品和服务。

共同发展：与客户建立长期合作关系，实现共同发展。

环保和可持续发展：强调环保和可持续发展，需要积极推广环保和可持续发展的产品和服务，为社会发展贡献力量。

# 第 2 章　网店开设

## 【知识目标】

- 了解网店注册资料的准备内容。
- 掌握网店注册的操作。
- 掌握网店基本设置的操作。
- 掌握网店物流设置的操作。
- 掌握网店宝贝发布的操作。

## 【技能目标】

- 提高网店信息设置的能力。
- 培养填报宝贝发布信息的能力。

## 【引导案例】

### 从在校大学生到淘宝创业者

在大学里，小张学的是服装设计专业，平时喜欢在网上浏览和购买服装。她看到大学快递点大包小包的网购商品，觉得网络市场很大，就萌生了自己开网店的想法。

她搜索了开网店的各大平台，发现淘宝人气足，开店便捷，就摸索着开了一家淘宝店。她用省下的2000元生活费到批发市场去批发布料，按自己设计的风格做了7种女装，然后拍照、写文案并上传到自己网店出售。标价36元的裙子一下子卖出去10条。多次尝试后，店铺的客户越来越多，小张一边设计，一边找人加工，一边在网上推广，2个月赚了4万多元。5个月以后，她的店铺升到了皇冠级别。

小张说："作为年轻人，要头脑灵活、知识面广，对新事物的接受度高，要有敢闯敢拼的精神，不闯一下，怎么知道自己能干什么？"

如今她已经组建了团队，包括网店运营人员、客服人员、设计师以及生产工人，开设了自己的工厂。目前该厂已有40多名员工，月营业额高达70余万元。

**案例分析：**

请分析小张成功的秘诀。

【知识要点】

# 2.1　网店基础知识

本节内容包括网店的概念、网店的特点、网店的经营规则以及我国网店的发展历程。

## 2.1.1　网店的概念

网店全称"网上商店"，又称"虚拟商店""网上商场"，是电子零售商业的一种典型组织形式，是建立在因特网上的商场。网店是最简单的一种电子商务模式，是将传统商务模式中的商店或超市直接搬到了网络上。用户可以通过自建网站设立网店，也可以通过在第三方电子商务平台上开设网店。

## 2.1.2　网店的特点

（1）虚拟性。网店的商品都是在网络上以图片、视频的形式展示，而不是实物展示。其客户服务以网络通信工具进行，相互之间看不见。网上交易也以网络支付工具进行支付，而不当面以现金交易。

（2）方便快捷。网店不用像实体店铺那样经历装修、采购、摆放商品等漫长而烦琐的过程，通过登录网站简单操作后就可以注册网店。货品上下架只需要单击一下鼠标就可以完成。

（3）客户广泛。只要是网上的消费者就有看到网店商品的机会，开设网上店铺，可以把宝贝卖给全国甚至国外的消费者。

（4）营销手段多样性。网店提供了方便的检索技术，通过视频、图片等多角度地展示商品信息，通过即时通信工具随时与消费者沟通和交流，通过已购买、商品消费者的评价留言为其他消费者提供参考。商家可以通过平台收集消费者信息，从而有针对性地进行营销活动。

## 2.1.3　网店的经营规则

不同的电子商务平台均有一定的规则，以保证交易的正常进行，可以维护交易双方的合法权益。作为网店经营者必须了解这些规则，否则容易受到处罚，从而导致店铺流量和交易受到限制，甚至被罚款。

网上第三方平台开设商店的规则一般包括：网店开设规则、商品发布规则、行业市场规范、评价规范、争议处理规则等。

下面以淘宝网为例，列举部分规则。

### 1. 网店开设规则

(1) 【店铺入驻通用要求】淘宝网会员须同时满足以下条件，方可创建店铺。

① 提供店铺负责人真实有效的信息，并通过淘宝网身份认证。

② 符合淘宝网对店铺负责人的年龄要求。

③ 将其淘宝网账户与已通过实名认证、信息完善的支付宝账户绑定。

④ 经淘宝网排查认定，该账户实际控制人的其他阿里平台账户未被阿里平台处以特定严重违规行为处罚或发生过严重危及交易安全的情形。

⑤ 未因违规行为被限制创建店铺。

⑥ 根据淘宝网对会员风险的综合评估，部分会员须在开店前完成相应开店违规风险保证金的缴存。

(2) 【个人店铺入驻要求】淘宝网个人店铺分为自然人店铺和自然人所登记的个体工商户店铺，须分别满足以下条件。

① 开店主体为自然人的，须基于其个人身份信息通过支付宝实名认证。

② 开店主体为个体工商户的，须基于个体工商户的营业执照信息通过支付宝实名认证。

(3) 【企业店铺入驻要求】淘宝网企业店铺开店主体为除个体工商户以外的企业主体，包括独资企业、合伙企业、公司企业，须基于企业营业执照信息通过支付宝实名认证。

(4) 【开店数量限制】正常情况下，同一身份主体作为卖家仅能开设一个店铺，具备一定持续经营能力、满足一定经营条件的诚信卖家，可享有开设多店的权益。

(5) 【店铺激活】会员开设的店铺被彻底释放或删除的，符合本规范店铺入驻要求的会员仍可通过开店流程重新激活店铺。

### 2. 商品发布规则

卖家应当按照淘宝网系统设置的流程和要求发布商品，并遵守以下基本要求。

(1) 卖家应当对商品作出完整、一致、真实的描述。

● 完整性：为保证买家更全面地了解商品，购买商品时拥有充分知情权，卖家应在发布商品时完整明示商品的主要信息，包括但不限于：商品本身(基本属性、规格、保质期、瑕疵等)、品牌、外包装、发货情况、交易附带物等。

● 一致性：商品的描述信息在商品页面各版块中(如商品标题、主图、属性、详情描述等)应保证要素的一致性。

- 真实性：卖家应根据所售商品的属性如实描述商品信息，并及时维护更新，保证商品信息真实、正确、有效；不得夸大、过度或虚假承诺商品效果及程度等。

(2) 卖家应保证其出售的商品在合理期限内可以正常使用，包括商品不存在危及人身财产安全的不合理危险、具备商品应当具备的使用性能、符合商品或其包装上注明采用的标准等。

(3) 不得发布违反法律法规、协议或规则的商品信息，包括但不限于以下内容。

- 不得使用代表党和国家形象的元素，或以国家重大活动、重大纪念日和国家机关及其工作人员的名义等，进行销售或宣传。

- 不得发布侵害平台及第三方合法权益(如商标权、著作权、专利权等)，或易造成消费者混淆的商品或信息。

- 不得发布或推送含有易导致交易风险的第三方商品或信息，如发布社交、导购、团购、促销、购物平台等第三方网站或客户端的名称、Logo、二维码、超链接、联系账号等信息。

- 不得重复铺货，即店铺中同时出售同款商品两件以上的。

- 不得通过编辑变更商品类目、品牌、型号等关键属性使其成为另一款商品。

- 不得发布其他违反《淘宝平台违禁信息管理规则》《淘宝平台交互风险信息管理规则》《淘宝网市场管理与违规处理规范》等规则的商品或信息。

(4) 【类目选择】卖家应当根据所售商品，逐级选择正确的商品类目，不得将商品发布在与实际商品品类不一致的类目下。

(5) 【商品数量限制】不同信用积分的卖家，在各级类目下发布商品的数量有一定限制，具体详见《商品发布数量限制规范》。如果商品发布数量超过限制数量，淘宝网将下架超限商品。

(6) 【类目互换限制】部分类目限制互转，即某商品发布在该类目后，不能通过编辑的方式将商品从该类目转出，同样，原发布在其他类目的商品，也不能通过编辑的方式转入到该类目。

(7) 【商品图片】卖家应根据系统提示和要求上传商品的主图、详情图、SKU(Stock Keeping Unit，库存量单位)预览图。图片应突出商品主体，清晰美观，不失真。

(8) 【商品标题】商品标题可包含商品品牌、商品品名、基本属性(材质/功能/特征)和规格参数(型号/颜色/尺寸/规格/用途/货号)等，不应包含其他无关品牌及无关信息。

(9) 【商品品牌】卖家应按照商品的品牌，准确选择品牌属性。卖家需申请品牌入驻、品牌名称变更、品牌类别变更时，应遵守《淘宝网商品品牌管理规范》。

(10) 【商品类型】卖家应按照商品实际情况选择商品类型为全新或二手、一口价/拍卖等类型。商品发布后限制商品类型二手/全新互转，即某商品发布时宝贝类型选择"二手"

后，不能通过编辑宝贝的方式将该宝贝的类型修改为"全新"；同样，原宝贝类型为"全新"的，也不能通过编辑的方式修改为"二手"。

(11)【商品详情】卖家描述商品详情，应遵守以下要求。

① 卖家可在商品描述中对商品进行拓展介绍。

② 商品描述中对商品的性能、功能、产地、用途、质量、成分、价格、生产者、有效期限、承诺等有表示的，应当准确、清楚。

③ 商品描述中表明附带赠送的，应当明示所附带赠送商品或者服务的品种、规格、数量等基本信息。

④ 法律法规或行业规范中要求明示的内容，应当显著、清晰地表示，如食品、化妆品类的临保商品应明示质保期或过期时间等。

⑤ 商品描述中明示的责任条款，若违反法律和《淘宝平台规则总则》及相关规则的规定，则这些条款无效，如内容为单方面免除卖家责任、将相关风险转嫁给消费者或明显有失公平的条款；若不违反法律和《淘宝平台规则总则》及相关规则的规定，则这些条款有效，如卖家为了招揽生意，明示"假一赔万"的承诺，一旦违背则消费者有权要求卖家兑现承诺。

(12)【商品 SKU 与库存】SKU 是指商品的销售属性集合，供买家在下单时点选，如"规格""颜色分类""尺码"等。卖家编辑 SKU 应符合以下要求。

① 部分 SKU 的属性值不可编辑，部分可以由卖家自定义编辑。卖家发布商品须遵守销售属性，合理地自定义编辑 SKU。

② 不得利用 SKU 价格引流，不得以非常规的数量单位发布商品。具体详见《规避信息的认定和处罚实施细则》。

(13)【商品价格】卖家发布商品价格，应遵守《淘宝价格发布规范》。

(14)【发货时间】买家付款后，卖家须根据买家的需求和自身的服务能力在淘宝网规定的时效内，填写真实发货信息并完成发货。具体发货要求详见《淘宝网发货规范》。

(15)【七天无理由退货】卖家应按照《淘宝网七天无理由退货规范》选择并履行七天无理由退货服务。

(16)【营销标签】卖家在设置营销标签时，应当遵守国家法律法规的要求，遵守平台相关规则，切实履行对外作出的活动承诺，不得使用以下营销标签用语。

① 容易误导消费者认为平台背书的营销宣传用语，如已品质验证、已检验是牛皮、淘宝官方验证等。

② 容易误导消费者认为品牌权利人背书的营销宣传用语，如已正品验证、正品保证、抽检正品等。

### 3. 淘宝网行业市场规范

淘宝网行业市场规范如下。

淘宝网儿童家具行业管理规范、淘宝网笔记本电脑行业管理规范、淘宝网手机行业管理规范、淘宝网汽配行业管理规范、淘宝网"中国质造"市场管理规范等。

### 4. 淘宝网评价规范

(1) 【适用范围】适用于使用淘宝网评价工具的淘宝网卖家和买家。

(2) 【评价时间】买卖双方可基于真实的交易在交易成功后指定时间内发布与交易商品或服务相关的信息,开展相互评价,具体如下。

① 一级类目"景点门票/演艺演出/周边游""度假线路/签证送关/旅游服务""特价酒店/特色客栈/公寓旅馆"下的交易,评价时间为交易成功后的 90 天内。

② 除上述交易外,评价时间为交易成功后的 15 天内。

(3) 【评价组成】淘宝网的评价包括"店铺评分"和"信用评价"。 店铺评分(即店铺DSR)由买家对卖家评出,如对商品或服务的质量、服务态度、物流等方面的评分指标。信用评价由买卖双方互评,包括"信用积分"和"评论内容"。

(4) 【店铺评分逻辑】每项店铺评分均为动态指标,系此前连续 6 个月内所有评分的平均值。

每个自然月,相同买、卖家之间交易,卖家店铺评分仅计取前 3 次。店铺评分一旦作出,则无法修改。

(5) 【卖家信用积分逻辑】在信用评价中,买家若给予卖家好评,则卖家信用积分加 1分;若给予差评,则减 1 分;若给予中评或 15 天内双方均未评价,则信用积分不变。若卖家给予好评而买家未在 15 天内给其评价,则卖家信用积分加 1 分。

相同买、卖家任意 14 天内就同一商品多笔交易产生的多个好评卖家只加 1 分,多个差评卖家只减 1 分。每个自然月,相同买、卖家之间交易,卖家增加的信用积分不超过 6 分。

(6) 【买家信用积分逻辑】买家购买商品,每完成一笔"交易成功"的交易,买家信用积分加 1 分;若卖家给予买家差评,则减 1 分。相同买、卖家任意 14 天内就同一商品的多笔交易产生的多个好评,买家只加 1 分,多个差评买家只减 1 分。每个自然月,相同买、卖家之间交易,买家增加或扣减的信用积分不超过 6 分。同时,淘宝网可视买家的违规情形及违规次数,对买家的信用积分进行一定扣减。买家信用积分于每月 1 日更新。

(7) 【追加评论】自交易成功之日起 180 天(含)内,买家可在作出信用评价后追加评论,内容不得修改,也不影响卖家信用积分。

(8) 【评价解释】被评价人可在评价人作出评论内容或追评内容之时起的 30 天内作出解释。

(9) 【评价修改】评价人可在作出中、差评后的 30 天内，对信用评价进行一次修改或删除。

(10) 【特殊逻辑】淘宝网可基于消费者体验、卖家经营及平台运营需要，调整淘宝网评价工具适用范围或相关计算逻辑，并将提前通知会员。

(11) 【评价原则】为确保评价内容能为消费者购物决策提供可靠的依据，反映商品或服务的真实情况，买卖双方通过淘宝网评价工具发布评价的，其评价应当与交易的商品或服务具有关联性，且合法、客观、真实，买卖双方不得利用淘宝网评价工具侵害相关方的合法权益。

(12) 【违规处理】淘宝网将基于有限的技术手段，对以下不当使用评价工具发布与评价原则不符的行为作出处理，如屏蔽评论内容、评分不累计等处理措施。

① 《淘宝网市场管理与违规处理规范》中规定的发布违禁信息、虚假交易、滥发信息、发布交互风险信息等违规行为所涉及的交易。

② 买家、同行竞争者等会员被发现以给予中评、差评、负面评论内容等方式谋取额外财物或其他不当利益的恶意行为所对应的交易。

③ 包含辱骂、泄露信息、污言秽语、广告信息、无实际意义信息、色情低俗内容或其他有违公序良俗的评论内容的交易。

④ 淘宝网排查到的其他异常的交易。

除前述违规处理外，淘宝网视情形对违规会员可采取屏蔽评论内容、评分不累计、限制违规/异常交易的评价工具使用、限制买家行为等措施。

(13) 【评分不重算】评分不累计后，淘宝网不针对剩余评价重新计算评分。

(14) 【投诉时效】会员须在交易对方作出评价的 30 天内进行投诉。

## 2.1.4 我国网店的发展历程

### 1. 萌芽阶段(1997—1999 年)

1997 年，我国最早的两家电子商务公司——中国商品交易中心和中国化工网分别上线，B2B 业务开始逐步得到发展。1999 年，国内第一家 C2C 电商 8848 正式成立。同年 8 月，易趣网成立。同年 11 月，当当网成立。这一时期的中国电商行业仍处于萌芽引入阶段，电子商务环境远未成熟，网上商店才刚刚起步。

### 2. 初步发展阶段(2000 —2009 年)

2000 年国际互联网泡沫破灭，导致我国电子商务也受到巨大的影响，8848 逐步没落，易趣被 eBay 收购，一大批新兴的电商网站关闭。但是机遇与挑战并存，2003 年，中国电商发展史上最为重要的两家企业淘宝网和京东相继成立。淘宝网以免费策略与行业老大易趣展开竞争，三年的时间里，淘宝在这次竞争中大获全胜。在这一阶段中，C2C 也逐步成为当时我国网络购物市场(包括 B2C 和 C2C)的主流商业模式。2008 年我国成为全球网民最多的国家，电子商务交易额突破 3 万亿元，2009 年网购人数突破 1 亿。

### 3. 高速成长阶段(2010 —2014 年)

本阶段电商交易额持续高速增长，其中网络购物占社会商品零售总额的比例大幅度提高。2010 年，淘宝迎来第二个"双十一"购物节，交易金额从 2009 年的 0.5 亿元猛增至 9.36 亿元，"双十一"当天共有 2100 万用户参与了这次历史级别的购物节，全天诞生了 181 家百万级店铺。在这一时期，苏宁易购、京东、国美等电商巨头发起了最为激烈的电商价格战，行业在竞争中高速成长。

### 4. 新发展阶段(2015 年—现在)

淘系平台与腾讯系京东网上商城牢牢占据网络购物行业的前两位。多领域的电商平台纷纷走向合作。2015 年开始，美团与大众点评、携程与去哪儿、滴滴与快的、58 与赶集等生活服务电商实现了合并。2015 年，我国移动端网络购物的比例达到 54.8%；2016 年，我国移动端网络购物用户规模已达到 4.41 亿，移动端网络购物的比例迅速提升至 63.4%。社交电商 2015 年拼多多成立，两年后其用户数突破 3 亿，商品交易总额(GMV)突破 4700 亿。2019 年，拼多多推出"百亿补贴"营销活动，拉开了又一轮电商行业的激烈竞争。2016 年抖音上线。2018—2020 年，短视频领域迎来爆发，抖音、快手纷纷入局电商领域，如抖音通过直播电商、抖音小店等进入电商。

# 2.2　网　店　注　册

## 2.2.1　资料准备

(1) 准备好已经绑定支付宝的手机，需要接收验证短信。

(2) 一张年满 18 周岁未开过网店的身份证，用于个人认证。

## 2.2.2　注册步骤

[Step1]　选择淘宝网首页右上方"千牛卖家中心"下拉菜单中的"免费开店"命令，如图 2-1 所示，出现"企业店铺入驻"和"个人店铺入驻"按钮，如图 2-2 所示。

图 2-1 选择"千牛卖家中心"下拉菜单中的"免费开店"命令

图 2-2 两种店铺类型开设入口

个人店铺是指通过支付宝个人认证,并以个人身份证开设的店铺。企业店铺是指通过支付宝企业认证,并以工商营业执照开设的店铺。本文以个人店铺为例说明开店流程。

[Step2] 单击"个人店铺入驻"按钮,弹出"免费开店"登录框,如果已经拥有淘宝账号,可以通过"密码登录"或"短信入驻"登录,开设店铺。如果没有注册过淘宝账号,则单击"短信入驻"标签,通过输入手机号接收验证码,单击"0 元免费开店"按钮,会自动生成淘宝账号,然后开设店铺,如图 2-3 所示。

图 2-3 店铺开设登录入口

**[Step3]** 登录后输入店铺名称等，然后进行支付宝实名和淘宝实人认证。用已经登录淘宝账号的手淘(淘宝 App)或者千牛 App，进行人脸、证件淘宝实人认证，如图 2-4 所示。

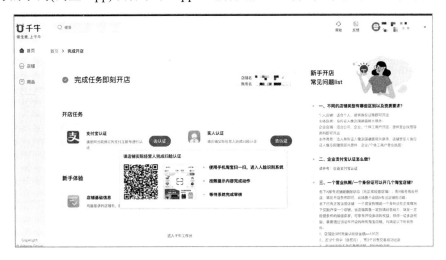

图 2-4 店铺开设信息设置

**[Step4]** 实人认证通过审核后，单击"同意协议，0 元免费开店"按钮，如图 2-5 所示。

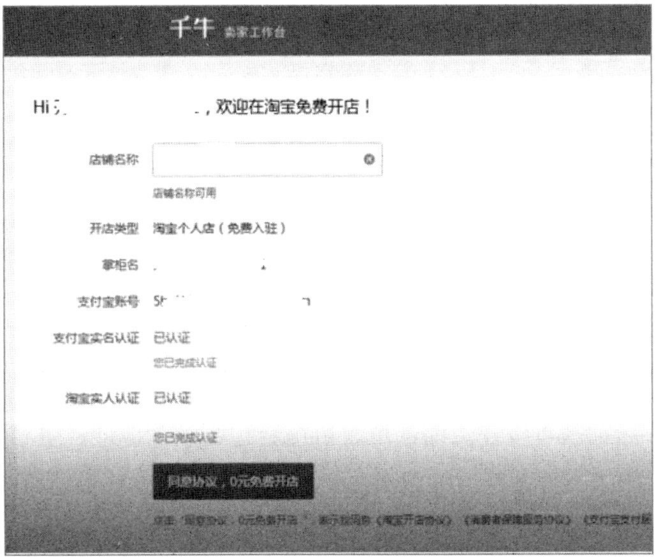

图 2-5 店铺开设认证后的状态

至此，店铺创建成功，如图 2-6 所示。

单击"潜力商家发现计划"按钮，会跳转至卖家调研页面，用户可以根据自己的实际情况填写，填写完后，就有机会获得淘宝平台提供的一些免费权益，如商机推荐、分销对接、官方培训等。

单击"发布商品"按钮，会立即跳转到淘宝卖家后台的商品发布功能模块。

图 2-6　店铺开设成功

# 2.3　网　店　设　置

网店设置包括店铺基本设置和物流设置等。

## 2.3.1　店铺基本设置

店铺基本设置步骤如下。

**[Step1]**　进入卖家中心，单击左侧"店铺管理"模块中的"店铺基本设置"超链接，如图 2-7 所示。

**[Step2]**　进入店铺基本设置页面，填写店铺名称、经营地址、主要货源、店铺介绍等信息，根据需要单击"上传图标"按钮上传店铺标志，然后勾选最下方的个人声明复选框，并单击"保存"按钮，即可完成设置，如图 2-8 所示。

同步阅读 2-1　小贴士

(1)　带有"*"的项目必须进行相关操作，即根据具体要求进行相应填写、选择或上传。

(2)　店铺名称可以修改。

(3)　店铺标志图标可以上传也可以不上传，如果希望上传，则需要按照图 2-8 中"上传图标"按钮右方的尺寸要求自行设计。

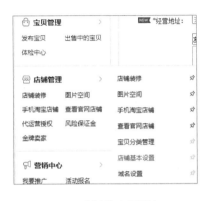

图 2-7　店铺基本设置入口　　　　　　　图 2-8　店铺基本设置

## 2.3.2　物流设置

### 1. 店铺物流服务商设置

**[Step1]**　进入卖家中心，单击左侧 "物流管理"模块中的"物流工具"超链接，如图 2-9 所示。

图 2-9　单击"物流工具"超链接

**[Step2]**　在打开的界面中单击选定的物流公司的"开通服务商"按钮，如图 2-10 所示。

图 2-10　服务商设置

## 2. 店铺物流模板设置

**[Step1]**　切换到"运费模板设置"选项卡，再单击"新增运费模板"按钮，如图 2-11 所示。

图 2-11　单击"新增运费模板"按钮

**[Step2]**　填写 "新增运费模板"界面中的相关信息。如果选中"卖家承担运费"单选按钮，填写完模板名称、宝贝地址、发货时间、运送方式等信息即可结束，如图 2-12 所示。

图 2-12　卖家承担运费模板

由于我国地域辽阔，物流成本差异度大，部分地区需要设置运费，所以有时候需要选中"自定义运费"单选按钮。如果有不同城市需要单独设置运费，则单击"为指定地区城市设置运费"按钮，如图 2-13 所示。

图 2-13　自定义运费模板设置

**[Step3]** 单击"编辑"按钮，如图 2-14 所示。在弹出的选择框中选择地区或城市，然后单击"保存"按钮，如图 2-15 所示。

图 2-14　单击"编辑"按钮　　　　图 2-15　选择地区或城市

**[Step4]** 为选定的城市填写首件数、首费、续件数、续费内容，如图 2-16 所示。

**[Step5]** 在运费模板中还可以设置指定条件包邮。通过件数、金额、件数+金额等条件对选定地区包邮，如图 2-17 所示。完成以上设置后，选定地区的消费者在搜索宝贝时会看

到"包邮"字样，如图 2-18 所示。

图 2-16　设置首件数、首费、续件数、续费

图 2-17　指定条件包邮设置

图 2-18　搜索结果页显示"包邮"字样

同步阅读 2-2 小贴士

(1) 发货时间设置要保证能够按时发货又不会让购买者等太久，一般设置为 24～48 小时。

(2) 由于电子面单具有快捷方便的特点，因此其开始越来越多地代替快递单。商家可以在淘宝卖家后台物流服务里提交电子面单申请之后，联系快递公司，当快递公司审核通过之后，就可以安装打印机，然后在淘宝后台中订购一个打印的服务，就可以自行打印电子面单。

### 3. 设置物流地址库

单击店铺卖家中心"物流工具"超链接，再单击"地址库"标签，切换到"地址库"选项卡，填写相关信息，最后单击"保存设置"按钮，相关信息即可保存至下方。可以添加多条发货、退货地址，也可以修改已经设置好的信息，如图 2-19 所示。

图 2-19　物流地址库设置

## 2.4　商品发布

网店商品一般通过淘宝卖家后台编辑、上传与发布。由于网店商品要受到淘宝平台监管，所以上传的宝贝必须要合规，并且需要保证不侵权、不盗图、不在禁售范围、有资质要求的满足特定资质。网店商品以销售为目的，因此商品在发布过程中填写的信息必须考虑消费者心理与习惯。

**[Step1]** 进入卖家中心，单击"宝贝管理"模块中的"发布宝贝"超链接，如图 2-20 所示。

图 2-20　发布宝贝入口

[Step2]　在商品发布界面，系统默认一口价，选择商品类目、子类目。熟练情况下可以直接进行类目搜索。然后单击界面下方的"下一步，发布商品"按钮，如图 2-21 所示。

图 2-21　发布商品类目选择

商品类目选择一定要正确，否则就容易因为违规而导致处罚或者点击率过低。对于有两个及以上可选类目的商品，应根据商品定位合理地选择类目。

[Step3]　填写宝贝基础信息，如图 2-22 所示。

商品发布信息页需要根据各项目具体情况进行填写、选择或上传宝贝相关信息。类目属性要求填写准确，尽量填写完整，与商品匹配，方便消费者挑选，避免违规。

[Step4]　填写宝贝销售信息，如图 2-23 所示。

[Step5]　填写宝贝图文描述，如图 2-24 和图 2-25 所示。

如果宝贝分类管理中已经设置好合适的分类，则在"图文描述"下方的"店铺中分类"中可以选择相应的模板。如果宝贝分类管理中没有设置，则需要设置。

图 2-22　填写宝贝基础信息

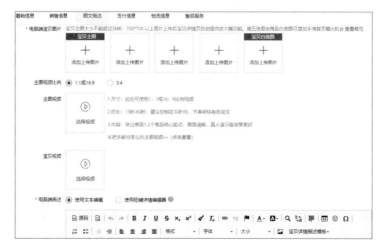

图 2-23　填写宝贝销售信息

图 2-24　填写宝贝电脑端图文描述

图 2-25　填写宝贝手机端图文描述

**[Step6]**　填写宝贝支付信息与物流信息，如图 2-26 所示。

图 2-26　填写宝贝支付信息与物流信息

如果已经在"物流管理"模块中事先设置好了合适的物流模板，则可以直接选用，如果没有设置，可以单击"新建运费模板"按钮。

**[Step7]** 填写宝贝售后服务信息，最后单击"提交宝贝信息"按钮，如图 2-27 所示。

如果信息填写有遗漏或者有误，单击"提交宝贝信息"按钮，淘宝后台会提请修改填写。商品发布成功则会产生一个特定的宝贝详情页地址，顾客通过该地址可以访问和购买该商品。

图 2-27　宝贝售后服务信息的填写及提交

同步阅读 2-3　小贴士

(1) 商品标题要充分利用 30 个汉字(60 个字符)，标题既要符合商品属性，体现卖点，又要具有一定的搜索人气。

(2) 商品图片与视频需要先设计完毕，然后上传卖家后台素材中心(通过图片空间也可进入)，商品上传完成后，在用到时只需直接从素材中心调取即可。

(3) 商品描述可以直接写入文本，也可以上传设计好的商品描述图片。

(4) 如果在商品上传过程中对内容有疑问，可以在右侧的客服对话框中反馈查询。

(5) 如果有闲置的二手商品，可以在手机上的"闲鱼"App 中发布商品信息。

(6) 商品发布后，可以显示在淘宝网站内、自己网店内或淘宝站外等位置，包括免费显示在自己网店内、淘宝搜索结果页；淘宝特色市场(需要报名成功)；付费使用推广工具展现于第三方网站。

# 扩 展 阅 读

## 网上开店平台

淘宝网由阿里巴巴集团在 2003 年 5 月创立，是中国受众非常广的一个网购零售平台，是集 C2C、团购、分销、拍卖等多种电子商务模式于一身的综合性零售商圈。淘宝网为淘宝会员打造了全面和完善的网上交易平台，其操作也比较简单，非常适合想要开设网络店铺的个人卖家。

天猫商城原名淘宝商城，是一个综合性购物网站。天猫商城是淘宝网打造的 B2C (Business-to-Consumer，商业零售)电子商务网站，它整合了众多品牌商和生产商，为消费者提供了 7 天无理由退货，以及购物积分返现等优质服务。

京东(JD.com)是中国最大的自营式电商企业，京东集团旗下设有京东商城、京东金融、拍拍网、京东智能、O2O 及海外事业部，其售后服务、物流配送等方面的软、硬件设施和服务条件都较完善，是 B2C 类型的电子商务网站。

拼多多作为新电商的开创者，致力于将娱乐社交的元素融入电商运营中，通过"社交+电商"的模式，让更多的用户带着乐趣分享实惠，享受全新的共享式购物体验。拼多多的核心竞争力在于创新的模式和优质低价的商品：拼单意味着用户和订单大量且迅速地涌入，而丰厚的订单使拼多多可以直接与供货厂商(或国外厂商的国内总代理)合作对接，省掉了诸多中间环节，价格优势也由此实现。

(资料来源：李星. 开设一家淘宝网店[M/OL]. (2019-03-16)[2023-09-25]. https://wenku.baidu.com/view/31061bf8df80d4d8d15abe23482fb4daa48d1d00.html?fr=search)

# 同 步 测 试

## 一、单项选择题

1. 注册淘宝个人网店需要事先准备的资料包括(　　)。

    A. 个人有效身份证　　　B. 手机　　　　　　C. 营业执照　　　　　　D. 都不需要

2. 下面各项中不能修改的是(　　)。

    A. 店铺名称　　　　　　B. 运费模板　　　　C. 淘宝会员号　　　　　D. 商品标题

3. 标题不能超过(　　)个字符。

    A. 30　　　　　　　　　B. 40　　　　　　　C. 50　　　　　　　　　D. 60

4. 淘宝某商品类目错放，该商品不可能(　　)。

    A. 因违规导致被平台处罚　　　　　　B. 被好评

    C. 点击量低　　　　　　　　　　　　D. 访客少

5. 某淘宝网店成功发布某宝贝后，一定能在(　　)里看到该宝贝。

    A. 优酷网　　　　　　　B. 卖家网店　　　　C. 淘宝淘抢购　　　　　D. 淘宝聚划算

## 二、多项选择题

1. 运费模板中的指定条件包邮可以通过(　　)等条件对选定地区设置包邮。

    A. 件数　　　　　　　　B. 评价　　　　　　　C. 金额　　　　　　　　D. 件数+金额

2. 淘宝某商品类目错放，该商品可能(　　)。

    A. 因违规导致被平台处罚　　　　　　　B. 被好评

    C. 点击量低　　　　　　　　　　　　　D. 销量上升

3. 商品发布时，类目属性要求(　　)。

    A. 填写正确　　　　　　　　　　　　　B. 尽量填写完整

    C. 随意填写　　　　　　　　　　　　　D. 与商品匹配

4. 某宝贝发布后，成功报名参加了淘抢购活动，能在(　　)里看到。

    A. 宝贝搜索结果页　　B. 卖家店铺　　　C. 淘抢购活动页　　　D. 爱奇艺

5. 通过淘宝宝贝搜索结果能看到的卖家信息有(　　)。

    A. 宝贝近期销量　　B. 宝贝价格　　　C. 卖家电话　　　D. 宝贝所在地

## 三、简答题

1. 简述淘宝网店注册需要准备的资料。

2. 简述淘宝网店注册的步骤。

3. 简述淘宝网店基本设置的步骤。

4. 简述淘宝网店运费模板设置的步骤。

5. 简述淘宝网店商品发布的步骤。

## 四、案例分析

### 小而美的山珍店

    小王看到很多人在网上购物，大学毕业后也在淘宝网站注册开设了一家个人网店，选择了一直非常热销的女装类目。半年时间过去了，网店发展仍然没有什么起色。店铺访客量低于同行业平均水平，转化率不高，一直销量平平，同类型店铺比较多，竞争非常激烈，商品的老客户也比较少。

    小王说："我做了之后才知道自己并不是很了解女装行业，虽然女装市场空间很大，但是竞争也非常激烈。我没有女装方面的资源和优势。"小王经过仔细思考后，终于决定放弃女装类目。

    小王来自农村，在大学学的是食品科学与工程专业，放弃了女装类目后，他决定重新选择自己熟悉的类目来做。这次他决定从家乡的土特产入手，精心选择家乡土特产中的山珍：竹荪、野生核桃等。小王之所以选择山珍有两方面的原因：首先，自己更了解这个行业，可以更好地组织网店的商品与运作；其次，对于熟悉的类目，小王有信心做得比其他店铺更专业。

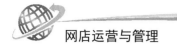

小王的淘宝山珍店就这样开张了。

山珍店开始运营就进来了不少的流量，比之前女装店的情况好很多，这给了小王很大的信心。由于他对山珍非常了解，清楚山珍需要的种植、营养等知识，于是针对消费者比较关心的健康、生态无污染问题，拍摄了很多原产地照片和视频，对商品主图和详情页进行了优化，突出了商品的卖点。慢慢地，网店访客量和转化率都有了非常大的提升。买家信任这家山珍店，品尝后也感觉不错，于是纷纷给出好评，很多客户还收藏了店铺和宝贝，老客户逐渐增多。

网店销量和评价提升了，网店信用等级也逐渐提升。有一次淘宝小二主动联系小王，邀请他参加农产品类目下的活动。在做淘宝女装的时候，常常精心准备报名活动，都不一定申请得上，现在淘宝小二主动出面邀请，小王觉得自己的路走对了。

借助活动和其他推广，小王的山珍网店越办越好，销售额也提升了。小王说："虽然现在网店规模还不太大，我对淘宝开店的经验积累也还不够多，但是发展势头很好，我有信心很快月销售额做到 100 万，我们将提供更多更好的大家需要的土特产，未来还将进一步深加工提高附加值。"

**思考题：**

(1) 请问上述案例中小王为什么能够取得成功？

(2) 通过案例思考，你得到了什么启示？

# 项 目 实 训

## 客 服 操 作

### 实训目的

(1) 掌握淘宝网店基本设置步骤；培养实际网店信息编辑能力。

(2) 掌握淘宝网店物流设置步骤；提高实际工作能力和专业技能。

(3) 掌握淘宝网店商品发布步骤；提高商品发布实际工作能力和专业技能。

### 实训内容

(1) 组建客服小组，角色分工。

(2) 设置基础信息。

(3) 设置运费模板。

(4) 上传宝贝。

(5) 实训结束后，以小组为单位完成对实训的总结。

**实训要求**

| 训练项目 | 训练要求 | 备　注 |
|---|---|---|
| 步骤一：小组角色分工 | (1) 了解网店注册步骤；<br>(2) 了解淘宝后台模块 | 注册淘宝账号 |
| 步骤二：设置基础信息 | 设置店铺名称、经营地址、主要货源、店铺介绍等内容 | 掌握基础信息设置的方法 |
| 步骤三：设置运费模板 | 根据不同地区设计不同运费 | 掌握运费模板的使用 |
| 步骤四：上传宝贝 | 填写正确的宝贝发布信息 | 掌握宝贝发布信息的技巧 |

# 课　程　思　政

　　二十大报告指出要"加快发展数字经济，促进数字经济和实体经济深度融合"。开设网店是将线下实体经济与数字经济衔接的重要一步，有利于利用互联网促进企业产品经营，促进实体经济发展。通过分析我国电子商务迅猛发展的现状，充分说明了中国特色社会主义道路的优越性。

# 第3章 网店美工

【知识目标】

- 了解 Photoshop 的基本功能。
- 了解网店页面功能模块。
- 掌握 Photoshop 的图像处理操作。
- 掌握店招的设计与上传。
- 掌握导航设置。
- 掌握图片轮播模块的操作。

【技能目标】

- 提高网店模块操作能力。
- 培养图片处理、设计能力。

【引导案例】

### 小刘的烦恼

小刘开办了一家服装网店，上传的每件商品都认认真真地填写了商品材质、款式、风格等各种参数，并进行了商品推广，通过后台的数据反馈发现商品展现量非常高，点击量较低，客户在宝贝详情页停留的时间非常短，下单数量更是少得可怜，转化率远小于同行业的平均水平。

自己销售的服装无论是质量、样式还是价格，在市场上都有一定的竞争力，为什么就没有流量，转化率那么小呢？这让小刘非常苦恼。

朋友看完小刘的店铺说，店铺和宝贝图片看起来没有吸引力，宝贝看起来没有档次，没有体现宝贝的卖点，缺乏美感，想找的宝贝不好查找。小刘查看同行的优秀店铺发现宝贝图片清晰明亮，页面简洁直观，宝贝介绍清晰，卖点突出，很容易找到想要的款式。小刘这才明白，网店的视觉感受很重要，需要拍摄清楚的宝贝图片，并进行店铺的装修。于是小刘对店铺重新进行了规划，对畅销宝贝进行主页重点推广，对宝贝主图和宝贝详情页也进行了美化。过了一段时间，点击量慢慢上升了，销量也明显有了起色。

**案例分析：**

小刘的故事对你有什么启发？

【知识要点】

# 3.1　网店美工的基础

网店美工是网店的装饰者,可帮助提升店铺形象,合理展示商品和活动,吸引更多顾客进店浏览、购买。

在进店铺进行装修和设计前,需要了解常见的装修软件、素材存储空间和一些基础的软件操作。

## 3.1.1　装修常用软件

Photoshop:Adobe Photoshop 简称 PS,是目前最常见的图像制作与处理软件。它提供了多样化的图片处理功能,如修改图片大小、裁剪图片和修改图片色彩等,也可设计图片海报,制作店铺 Logo、分类按钮、宣传广告、商品详情页等,可充分满足卖家不同的需要。Photoshop 有多个版本,各版本的基本工具一样,操作比较类似。更新的版本增加了部分功能和智能化水平,对电脑的配置要求越高。目前 Photoshop CC,本文以 Photoshop CC 为例讲解图片的处理操作。

光影魔术手:操作比较简单的图形图像处理软件,如图片的基本处理和后期调色、美化等都能通过它来实现,是进行图片辅助处理较好的选择。

美图秀秀:简单易上手,除对图片进行各种处理外,还提供了很多的设计元素和美化元素。

Adobe Dreamweaver:网页代码编辑软件,可以为图片添加热点链接。

## 3.1.2　素材中心

### 1. 素材中心概述

店铺装修、商品发布和制作活动海报等需要用到大量图片和视频素材,素材越多占用的空间就越大。为了方便网店调用相关素材,第三方网站平台大多会为店铺卖家预留一定的免费储存空间。

用户可以通过"图片空间""店铺装修"等渠道进入淘宝素材中心,这里是存放图片、视频、音乐、动图等素材的空间,用来存放自己店铺内一切需要的图、视频等,包括宝贝主图、宝贝描述图、店铺装修素材图、促销图、推广运营活动报名图等。

素材中心中被引用的图等素材一旦被删除,店铺内将不再显示,因此一定要慎重删除

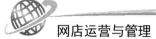
这些图等素材。

### 2. 上传图片

网店最常用的素材是图片，图片一般需要上传到素材中心的图片空间，以方便调用。下面以淘宝网店上传图片为例介绍其操作步骤。

**[Step1]** 在卖家页面，单击左侧"店铺管理"模块中的"图片空间"超链接，如图 3-1 所示。

图 3-1　图片空间入口

**[Step2]** 进入图片空间，单击右上方的"上传"按钮，如图 3-2 所示。在弹出的"上传图片"对话框中将文件或文件夹拖放到虚线框内或单击对话框中"上传"超链接，如图 3-3 所示。

图 3-2　单击"上传"超链接

图 3-3　"上传图片"对话框

**[Step3]**  如果上传成功,在弹出的"上传结果"对话框中单击"确定"按钮,可返回图片空间查看上传的图片。如果需要上传更多图片,则单击对话框中的"添加更多图片"按钮,如图 3-4 所示。

图 3-4  上传结果

### 3. 图片管理

图片空间中的图片管理包括编辑图片、移动图片、复制图片、替换图片、删除图片等操作。

1)  编辑图片

**[Step1]**  将鼠标指针移至图片空间中的目标图片上,图片左上方出现复选框,选中图片,在打开的工具栏中单击"编辑"按钮,如图 3-5 所示。

图 3-5  对选中的图片单击"编辑"按钮

**[Step2]**  在打开的"编辑图片"对话框中,可以进行图片名称修改,对图片进行旋转、裁剪等,还可以单击"网店秀"编辑工具,对图片进行编辑。编辑完成后,单击"确定"按钮即可保存,如图 3-6 所示。

图 3-6　编辑图片对话框

　　"网店秀"是一款图片在线编辑工具，可以对图片进行裁剪、滤镜、水印、特效等方面的编辑，如图 3-7 和图 3-8 所示。

图 3-7　预览和保存图像

图 3-8　雨水特效示意图

2) 移动图片

如果需要把某一位置的图片移到其他文件夹中，此时便可使用移动图片功能。

**[Step1]** 选中图片，在打开的工具栏中单击"移动到"按钮，如图 3-9 所示。

**[Step2]** 在"移动到"对话框中，选择需要移动到的文件夹，单击"确定"按钮，即可将选中的图片移动到该文件夹，如图 3-10 所示。

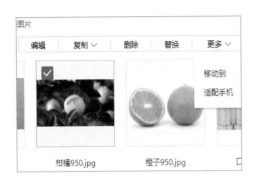

图 3-9 选中"移动到"按钮

图 3-10 选择移动至文件夹

3) 复制图片/链接/代码

**[Step1]** 将鼠标指针移至目标图片上方，图片下方会出现四个图标链接，从左到右分别为复制图片、复制链接、复制代码按钮和删除功能。本操作以第二个图标——复制链接作为操作对象，复制图片、复制代码的步骤与此类似，如图 3-11 所示。

图 3-11 复制链接

**[Step2]** 单击"复制链接"图标，如果出现"复制链接成功"的提示框，即代表成功复制了该图片的地址，在网站内可以引用该图片，如图 3-12 所示。

**[Step3]** 复制图片地址后，进入 PC 装修，进入"布局管理"页面，将左侧的"图片轮播"模块拖入右侧的布局单元，如图 3-13 所示。

**[Step4]** 进入"页面编辑"页面，单击 "图片轮播"模块中的"编辑"按钮，如图 3-14

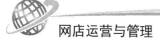

所以。

**[Step5]** 在弹出的"图片轮播"对话框中,在"图片地址"文本框中粘贴前面复制的图片地址,单击"保存"按钮,单击右上方"发布站点"成功后,该图片会在前台该模块处位置展现,如图 3-15 所示。在网店装修其他图片地址也可以输入使用。

图 3-12　复制成功

图 3-13　建立"图片轮播"单元

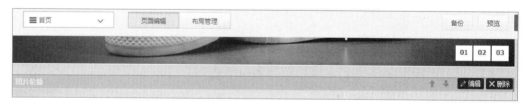

图 3-14　单击"编辑"按钮

图 3-15　粘贴链接

# 3.2　图　片　处　理

当图片出现瑕疵，不适合直接展现，或者为了吸引买家单击和购买，都需要对图片进行处理和适当美化。

## 3.2.1　图片尺寸调整

由于各平台对网店上传图片大小和存储空间有限定要求，因此需要对不符合要求的图片尺寸大小进行调整。使用 Photoshop 调整图片尺寸的步骤如下。

**[Step1]**　打开 Photoshop CC，单击上方菜单栏中的"文件"菜单，在弹出的下拉菜单中选择"打开"命令，如图 3-16 所示，出现"打开"对话框。通过"打开"对话框找到需要调整的图片，单击选中图片，然后单击下方的"打开"按钮，图片就会显示在 Photoshop CC 软件中，如图 3-17 所示。

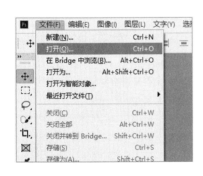

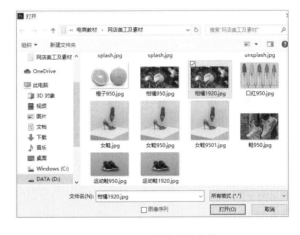

图 3-16　选择"打开"命令　　　　　图 3-17　打开选中的文件

**[Step2]**　选择菜单栏中的"图像"命令，在弹出的下拉菜单中选择"图像大小"命令，如图 3-18 所示 。打开"图像大小"对话框，在"宽度"后的下拉列表框中选择"像素"选项，在"宽度"数值框中输入数值，如 950，高度数值就会自动跟随修正。单击"确定"按钮完成设置，如图 3-19 所示。

**[Step3]**　选择菜单栏中的"文件"命令，在弹出的下拉菜单中选择"存储为"命令，如图 3-20 所示。

**[Step4]**　在弹出的"另存为"对话框中，设置文件名称、保存类型，然后单击"保存"按钮，如图 3-21 所示。网店图片大多采用 JPEG 格式。

图 3-18 选择"图像大小"命令

图 3-19 设置参数

图 3-20 选择"存储为"命令

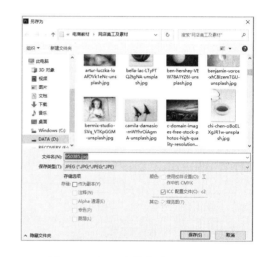

图 3-21 设置文件名称、保存类型

**[Step5]** 在弹出的"JPEG 选项"对话框中，看是否需要进行品质修改，修改完毕单击"确定"按钮，即可保存图片，如图 3-22 所示。

在调整图片大小时，为了保持图片的比例不发生变化而导致图片变形，一般会保持软件"约束长宽比"，不用修改。调整宽度时，高度将根据原图片的比例自动缩放。

调整图像大小时，整个图片会根据设定的新尺寸被拉伸或等比例放大、缩小。而调整画布尺寸后，则在原来图片之外添加一些画面面积或裁掉一些画面。

图 3-22 设置图片品质并保存

## 3.2.2 图片裁剪

网店内不同位置图片的尺寸要求不一致。图片裁剪是指通过剪去部分图像，去掉图片多余部分或让图像尺寸改变。

**[Step1]**　启动 Photoshop CC，打开需要裁剪的图片，在左侧的工具箱中单击裁剪工具按钮 ，如图 3-23 所示。

**[Step2]**　将鼠标指针移动到图片上，当指针呈 形状时，按住鼠标左键拖动，绘制裁剪框，如图 3-24 所示。

图 3-23　单击"裁剪"按钮　　　　　　　　　图 3-24　绘制裁剪框

也可以通过移动图片的四边对图片进行裁剪。

**[Step3]**　裁剪框绘制完成后，松开鼠标左键，将鼠标指针移到裁剪框四周的控制点上，当其变为双向箭头时按住鼠标左键并拖动，即可调整裁剪框的大小，如图 3-25 所示。

**[Step4]**　确定裁剪范围后，在裁剪框内双击鼠标应用裁剪，双击图片或者按 Enter 键完成图像的裁剪，如图 3-26 所示。

图 3-25　调整裁剪框　　　　　　　　　　　图 3-26　完成裁剪

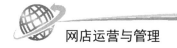

网店运营与管理

### 3.2.3　图片旋转

当需要调整图片角度时，则可以对图片进行旋转操作。

图片旋转方法是：启动 Photoshop CC，打开需要旋转的图片，在菜单栏中选择"图像"→"图像旋转"命令。在打开的子菜单中选择合适的菜单命令即可旋转图片。本案例希望调整运动鞋的朝向，故选择了"水平旋转画布"命令，如图 3-27 所示，旋转后的效果如 3-28 所示。

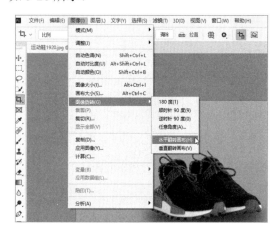

图 3-27　选择"图像旋转"命令

图 3-28　水平旋转后的图片效果

### 3.2.4　调整亮度/对比度

如果原始图片过亮或过暗，则可以通过 Photoshop 对图片进行亮度/对比度的调整操作。

图片亮度/对比度的调整方法是：启动 Photoshop CC，打开需要调整的图片，在菜单栏中选择"图像"→"调整"→"亮度/对比度"命令。打开"亮度/对比度"对话框，设置亮度和对比度的参数，然后单击"确定"按钮，如图 3-29 所示，调整后的效果如 3-30 所示。

图 3-29　亮度/对比度调整前

图 3-30　亮度/对比度调整后

Photoshop CC 的图片处理需要实践操作，勤加练习，才能熟能生巧，本章篇幅有限，更多更详细的操作可以参阅 Photoshop CC 图像处理类工具书。还有一款更简单的图片处理软件——光影魔术手，也可以进行图片的裁剪、颜色调整、拼接、批处理。

# 3.3　网店设计与装修

## 3.3.1　店铺装修基本操作

### 1. 店铺装修的内容

1)　店铺装修概述

为了方便网店商家对网店的装修，大部分电商平台都以模块的形式组成网店的各个部分，每个模块填充内容页面。所以，要进行店铺装修首先需要对店铺的整体排版布局进行构思安排，对模块进行规划，对页面及其图片和文字进行设计与编排，以体现出良好的视觉效果，从而促进交易的达成。

网店装修模块一般包括店招、导航、商品分类导航、公告栏等。装修各模块必须满足该模块的尺寸要求。模块运用决定着整体视觉感受和店铺销售。首页模块因设计目的不同及商品数量不同，模块规划与布局也会不同，新手卖家可以多学习优秀店铺设计。

网店装修页面主要有店铺首页、宝贝详情页、自定义页、店内搜索页等。

2)　店铺装修目的意义

(1)　方便商品展示，提升购物体验。

(2)　提升店铺形象，吸引消费者。

(3)　提高转化率，增加访问深度，降低跳失率。

### 2. 网店装修

网店平台都设置有卖家网店装修页面。以淘宝网为例，进入淘宝卖家后，单击"店铺管理"模块中的"店铺装修"超链接，如图 3-31 所示。

进入淘宝装修页面，可以看见店铺首页、店内搜索页、宝贝详情页、宝贝列表页和自定义页等装修页面，如图 3-32 所示。

图 3-31　单击"店铺装修"超链接　　　　图 3-32　装修页面

单击"PC 店铺"装修模块中"首页"后的"装修页面"按钮，便可以进行"首页"的"模块"布局与编辑、"配色"等操作。本章大部分内容是在 PC 店铺装修"首页"的"装修页面"里进行操作的，如图 3-33 所示。

图 3-33　PC 端首页装修页面

PC 店铺装修"首页"的"装修页面"左侧是菜单栏，可以对首页的模块、配色、页头、页面、CSS 等进行设置，"模块"工具栏里有 1920、950、750、190 等不同宽度尺寸的常用模块，如宝贝推荐、图片轮播、宝贝搜索等模块。"装修页面"模块的中间主体部分是"页面编辑""布局管理"模块。

PC 店铺装修"首页"的"页面编辑"编辑区，有店招、导航等模块，导航模块不可删除只能被遮挡或隐藏。店招与导航区域构成了店铺的页头区域。其他模块可以通过上方的"布局管理"和"页面编辑"模块增减左侧"模块"工具栏里的模块。

当 PC 店铺装修"首页"需要添加某个模块时，可以先在"布局管理"模块下单击"添加布局单元"按钮，选择合适尺寸的单元，即可出现"请拖入模块"单元，然后在左侧模块工具栏选择布局需要和合适尺寸的模块，按住鼠标左键，将其拖曳到右侧"布局管理"下方"请拖入模块"单元，即可添加模块，如图 3-34 所示。

图 3-34　"布局管理"页面

对新建的模块进行内容编辑需要进入"页面编辑"页面，将鼠标放在该模块区域，右上角会显示模块的编辑、删除、移动等操作菜单，选择相应的菜单即可进行相应的操作。具体模块操作可以参考本章图片轮播模块的设置步骤。

"首页"是重点装修对象，因为网店流量大多通过宝贝详情页导入，单一页面留住客户的能力较弱，需要展示更多商品和活动信息。这需要商家通过详情页、首页、分类页等组成流量流动通道，增加停留时长，提高流量转化。"店内搜索页"等其他页面的装修一般不需要大幅修改，操作方法与"首页"装修基本相同。

### 3. 店铺模板

店铺模板是为网店装修专门设计的模板。好的网店模板商品展现合理，功能完善，方便客户选购，方便网店卖家在相应模块填充信息。淘宝网店有免费和付费两种店铺模板，从"装修市场"菜单选用模板需要收费，新手卖家可以选择免费模板。选择免费店铺模板的操作步骤如下。

[Step1] 登录淘宝账号，进入卖家页面，单击"店铺装修"超链接，进入"PC 装修"模块，单击右侧的"导入专业板页面"按钮，如图 3-35 所示。

图 3-35 店铺装修入口

[Step2] 选中模板，单击"下一步"按钮，如图 3-36 所示。在打开的页面中单击"开始导入"按钮，开始导入模块，如图 3-37 所示。自动导入完成后，出现如图 3-38 所示的界面，然后就可以装修页面。

图 3-36 选中模板

图 3-37 开始导入

图 3-38　导入完成

### 4．网店配色

店铺颜色会影响顾客的感受，配色要考虑行业特性、产品特点、时间特性、风格元素等因素。不同的行业不同的商品，适合采用的店铺配色也各有不同。如孕婴产品，多采用浅粉、浅蓝色系，以塑造温馨、洁净、成长的氛围。时间特性是指不同的季节与节日具有不同的特性，如三只松鼠官方旗舰店曾在春季把网店主色调设为绿色，在秋季把主色调设为橙黄。风格元素包括店铺背景色、主色调、Logo 样式、商品包装等。

进入装修页面，单击 PC 店铺装修"首页"的"装修页面"按钮，进入首页装修页面，如图 3-39 所示。

图 3-39　单击"装修页面"按钮

单击左侧的"配色"按钮，在出现的众多配色方案中选择合适的配色方案，这里主要设置的是导航的颜色，如图 3-40 所示。

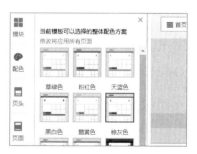

图 3-40　配色方案

一般建议网店装修颜色为 2～3 种，可选用互补色。店铺配色和模块布局会影响店铺风格。

### 5. 网店页头/页面设置

1) 网店页头设置

进入首页装修页面，单击"页头"按钮，再单击"页头背景色"后面的正方形方框，在弹出的调色器中设置自己需要的颜色，然后单击"确定"按钮，如图 3-41 所示。设置后的效果如图 3-42 所示。

图 3-41　设置颜色

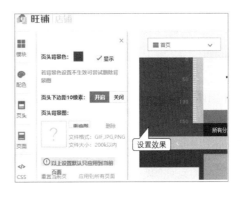

图 3-42　页头背景色设置后的效果

如果取消选中"页头背景色"后面的"显示"复选框，则首页不会显示此处设置的页头背景色。页头下边距 10 像素可以选择开启或关闭。

页头也可以更换背景图，单击"页头背景图"下方的"更换图"按钮，可以选择设计好的文件作为背景图。页头背景图的尺寸为 1920 像素×150 像素，200k 以内。

"应用到所有页面"按钮可以让设置的页头背景不仅仅可以应用于店铺首页，还会应用到宝贝详情页等其他页面。

2) 网店页面设置

进入首页装修页面，单击"页面"按钮，再单击"页面背景色"后面的正方形方框，在弹出的调色器中设置自己需要的颜色，然后单击"确定"按钮，如图 3-43 所示。

图 3-43　页面背景色设置

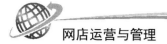

如果取消选中"页面背景色"后面的"显示"复选框，则首页不会显示此处设置的页面背景色。

页面也可以更换背景图，单击"页面背景图"下方的"更换图"按钮，可以选择设计好的文件作为背景图。页面背景图的尺寸为 200 像素×200 像素。

"应用到所有页面"按钮可以让设置的页面背景不仅仅应用于店铺首页，还会应用到宝贝详情页等其他页面。

## 3.3.2　店招、导航设计

店招是淘宝旺铺装修页面"店铺招牌"模块的简称，位于网店页面最上方，主要向消费者显示店铺名称、Logo、广告语等，用以宣传店铺，也可放置少量促销商品、收藏按钮、优惠券、搜索栏等内容，如图 3-44 所示。店招应设计得醒目、简洁、突出卖点，以贴合产品特色。一般店招的尺寸如下。

淘宝平台：宽度 950 像素×高度 120 像素

天猫平台：宽度 990 像素×高度 120 像素

图 3-44　淘宝首页店招、导航

店招与导航的设计步骤如下。

**[Step1]**　打开 Photoshop，选择"文件"→"新建"命令，新建画布，参数值设置为：宽度 950 像素、高度 150 像素、分辨率 72 像素/英寸，取名称为"店招"。单击"确定"按钮，就会新建一个空白文档，如图 3-45 所示。

**[Step2]**　单击图层右下角的"新建图层"按钮🔲，新建一个图层。双击该图层名称"图层 1"，将其更改为"店招背景"，如图 3-46 所示。

**[Step3]**　在左侧的工具栏中单击"设置背景色"按钮🔲，在"拾色器(背景色)"对话框中设置颜色(# f7f7f3)，单击"确定"按钮。按 Ctrl+Delete 组合键用背景色填充，如图 3-47 所示。

**[Step4]**　新建一个宽度为 950 像素、高度为 150 像素、分辨率为 72 像素/英寸的文件，取名"导航"，设置前景颜色(# df700d)，按 Alt+Delete 组合键用前景色填充。用移动工具将其拖动到"店招"psd 文件图像编辑窗口中，调整图像位置，效果如图 3-48 所示。将导航

条图层改名为"导航条背景"，如图 3-49 所示。

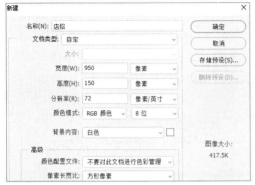

图 3-45　建立空白文档　　　　　　　　　　　图 3-46　新建图层

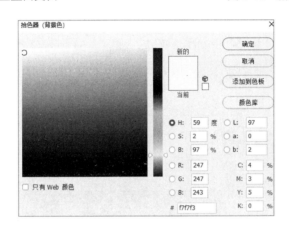

图 3-47　背景色填充

图 3-48　将"导航"移动至"店招"文档

**[Step5]**　在"店招"文件的工具栏中单击"文字"按钮，在店招区域输入店铺名称，然后进行字体、颜色、位置的设计，如图 3-50 所示。

图 3-49　改名为"导航条背景"

图 3-50　文字输入

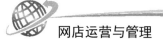
如果已经事先设计好 Logo、店名，可以直接拖入相关素材。

**[Step6]** 在 Photoshop 中打开"运动鞋"素材，将运动鞋图片拖入"店招"psd 文件图像编辑窗口，按 Ctrl+T 组合键调整运动鞋图像的大小和位置，将图层改名为"运动鞋"。

**[Step7]** 单击"文字工具"按钮，在运动鞋图片旁输入文字"爆款气垫鞋""单击抢购"，然后调整字体大小和位置。调整前景色为#eb1135，如图 3-51 所示。

图 3-51　添加"运动鞋"素材和广告文字

**[Step8]** 新建图层并将其命名为"指针"，单击"自定义形状工具"按钮，如图 3-52 所示。在"形状"下拉列表框中找到指针形状，如图 3-53 所示，然后用鼠标左键拖出指针路径，按 Ctrl+Enter 组合键激活选区，按 Alt+Delete 组合键用前景色填充选区，如图 3-54 所示。

图 3-52　单击"自定义形状工具"按钮

图 3-53　找到指针

图 3-54　画出指针

**[Step9]** 选中"运动鞋"图层，如图 3-55 所示，按住 Shift 键的同时单击最上方的"指针"图层，同时选定商品推介的 4 个图层，如图 3-56 所示。按 Ctrl+G 组合键将 4 个图层合并为一个组，并命名为"商品推介"，如图 3-57 所示。

**[Step10]** 新建图层并命名为"圆角矩形"，单击工具栏中的"圆角矩形工具"按钮，如图 3-58 所示。用鼠标左键在店招区域运动鞋右侧拖出圆角矩形路径，按 Ctrl+Enter 组合

键激活选区，按 Alt+Delete 组合键用前景色填充选区。在"圆角矩形工具"属性里，将圆角半径设置为 10 像素，这样边角就会更圆润，如图 3-59 所示。

图 3-55　选中"运动鞋"图层

图 3-56　同时选定四个图层

图 3-57　合并组并命名

图 3-58　单击"圆角矩形工具"按钮

图 3-59　设计圆角矩形

**[Step11]**　新建图层并将其命名为"心"，在图层上单击"自定义形状工具"按钮，在"形状"下拉列表框中找到心形形状，按住 Shift 键拖动鼠标，在店招区域的圆角矩形上拖出心形路径，按 Ctrl+Enter 组合键激活选区，按 Ctrl+Delete 组合键填充选区为背景色。在工具箱中选择"横排文字工具"，在"文字"工具属性里设置"字体"为黑体，"字体大小"为 20 点，"颜色"为 fcf7f8，在心形旁输入"收藏店铺"文字，并根据需要适当调整图文位置。将"圆角矩形""心"和"收藏店铺"3 个图层合并为一个组，并命名为"收藏栏"，效果如图 3-60 所示。

图 3-60　收藏栏设计效果

**[Step12]**　选择"横排文字工具"，在导航栏中输入文字"店铺首页"，调整文字大小为 20，颜色为 fcf7f8。按住 Alt 和 Shift 键，选中"店铺首页"文字，在水平方向上复制拖动，从而复制出 5 个图层，如图 3-61 所示。

图 3-61　输入"店铺首页"文字

**[Step13]** 选中6个"店铺首页"图层,单击"属性"中的"水平居中对齐"按钮。双击文字符号 T,将文字内容修改为相应的类目。如果各类目文字数目不一致,还需要再进行"水平居中分布"操作,效果如图 3-62 所示。

图 3-62 修改类目名称后的效果

**[Step14]** 按住 Shift 键的同时单击上方的"穿着顾问"图层,即同时选定导航栏的 6 个类目图层,按 Ctrl+G 组合键将 6 个图层合并为一个组,并命名为"类目",如图 3-63 所示。

图 3-63 合并组

**[Step15]** 选择"文件"→"存储为"命令,在弹出的"另存为"对话框中,将保存类型改为 JPG 格式,单击"保存"按钮,如图 3-64 所示。在弹出的"JPEG 选项"对话框中,可以看到图片的大小为 76.4k,没有超过 100k,单击"确定"按钮,如图 3-65 所示。

图 3-64 设置保存类型

图 3-65 设置图像品质

保存为淘宝店铺可以用的图片后,如果需要使用则在各类目和"收藏本店"模块中设置热点,建立相关页面与文字之间的超链接,这样当浏览者单击时就会自动跳转到相应页面。

### 3.3.3　店招上传

#### 1. 店招上传

店招上传的步骤如下。

**[Step1]**　登录淘宝账号，进入卖家页面，单击"店铺管理"模块中的"店铺装修"超链接，选择"PC 装修"→"首页装修页面"命令，进入首页装修页面，如图 3-66 所示。

图 3-66　首页装修页面

**[Step2]**　将鼠标指针放在店招区域，显示出"编辑"按钮后单击该按钮，如图 3-67 所示。

图 3-67　编辑店招

**[Step3]**　在显示出来的店招对话框中，单击背景图后面的"选择文件"按钮，如图 3-68 所示。

图 3-68　单击"选择文件"按钮

**[Step4]**　在弹出的文件中选择事先设计好的图片。如果店招文件没有提前上传到图片空间，则先单击"添加图片"超链接，打开素材中心模块，将"店招.jpg"上传到"淘宝开店"文件夹，如图 3-69 所示。回到"选择文件"页面，单击"从淘盘选择"模块，选定"淘

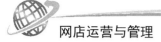

网店运营与管理

宝开店"文件夹，单击制作好的"店招"文件，如图 3-70 所示。该文件即可显示在"店铺招牌"对话框中，效果如图 3-71 所示。

图 3-69　上传新图片

图 3-70　从淘盘选择店招图片

**[Step5]**　把"招牌内容"界面"是否显示店铺名称"后的勾选取消，将"高度"改为150 像素，单击"保存"按钮，如图 3-72 所示。

图 3-71　选择好文件后效果图　　　　　　　图 3-72　修改高度

如果设计的店招高度为 120 像素，则"招牌内容"的"高度"属性会保持为 120。如果设计的店招高度为 150 像素，则"高度"属性会保持为 150，但发布后会遮挡下方平台自带的"导航"模块，如图 3-73 所示。

图 3-73　高度 120 像素的店招未遮挡平台自带"导航"模块

**[Step6]**　选择右上角的"发布站点"→"立即发布"→"确认发布"命令，在弹出的发布成功页面，单击右下角的"查看店铺"按钮，效果如图 3-74 所示。

图 3-74　发布成功后的效果图

### 2. 页头区域设计组合

淘宝页头区域包括店招模块和导航模块，页头整体高度为 150 像素，页头模块全店展示。淘宝页面默认店招模块的尺寸为 950 像素×120 像素，自带导航模块尺寸为：950 像素×30 像素。

用户可以通过更换文件的方式，将默认招牌换成自己设计的招牌。如果不更改店招，或者更改的店招图片高度设计为 120 像素，则前台会显示网店自带的导航模块。若将设计的店招图片高度定为 150 像素(包含导航的页头)，将店招模块高度修改为 150 像素，则网店自带的导航模块会被遮住隐藏，实现自行设计店铺导航的目的。

通过是否更改默认招牌或者自定义招牌，页头区域有四种组合样式：高度 120 像素默认招牌+高度 30 像素导航、高度 120 像素自定义招牌+高度 30 像素导航、高度 150 像素默认招牌、高度 120 像素自定义招牌。

## 3.3.4　导航设置

导航一般位于店招下方，主要用于对店铺的商品进行大致的分类，以方便客户寻找商品。这里以添加导航类目为例介绍具体的操作方法。

**[Step1]**　进入首页装修页面，将鼠标指针移动到编辑区的"导航"模块，单击"编辑"按钮，如图 3-75 所示。

图 3-75　首页装修页面

**[Step2]**　在弹出的"导航"对话框中，单击右下角的"添加" 按钮，即可弹出"添加导航内容"对话框。如果需要添加的分类已经存在，则只需要勾选分类，然后单击"添加

导航内容"和"导航"对话框中的"确认"按钮，单击装修页面的"立即发布"按钮，即可添加分类。如果需要添加的分类在"添加导航内容"对话框中不存在，则需要单击"管理分类"按钮，进入"分类管理"页面，如图 3-76 所示。

图 3-76　"导航"对话框

**[Step3]**　在"分类管理"页面可以添加手工分类或者自动分类，单击"保存更改"按钮，回到"添加导航内容"对话框即可看到新添加的分类，如图 3-77 所示。

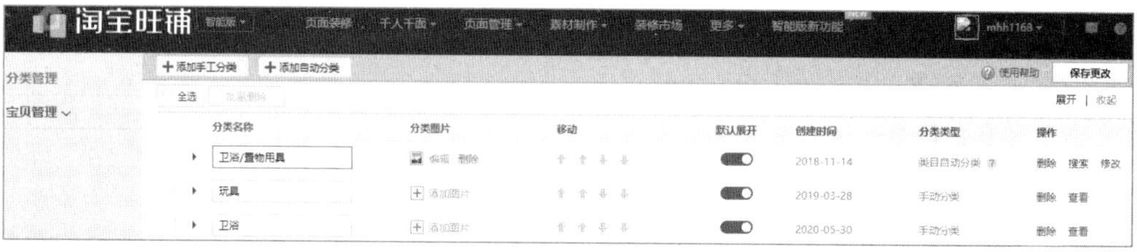

图 3-77　分类管理页面

**[Step4]**　在"添加导航内容"对话框中，单击"页面"选项卡中的"添加自定义页面"超链接，如图 3-78 所示。

**[Step5]**　在弹出的"新建页面"对话框中，选择"自定义页"和"通栏自定义页"单选按钮，将"页面名称"命名为"穿着顾问"，单击"保存"按钮，如图 3-79 所示。

**[Step6]**　跳转到新建的"自定义内容区"中，单击右侧的"编辑"按钮，如图 3-80 所示。

**[Step7]**　在弹出的"自定义内容区"对话框中单击"插入图片"或"插入图片空间图片"的图标，插入设计好的图片，单击"插入"→"完成"→"确认"→"立即发布"按钮，如图 3-81 所示。

**[Step8]**　返回到"添加导航内容"对话框，选中"穿着顾问"复选框，如图 3-82 所示，单击"确认"，则"穿着顾问"自动添加到页面自带的导航里，效果如图 3-83 所示。

图 3-78　新建自定义页入口　　　　　　　　图 3-79　设置新建页面的属性

图 3-80　编辑自定义内容区

图 3-81　插入图片

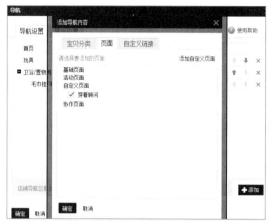

图 3-82　选中"穿着顾问"复选框

图 3-83　添加后的效果

**[Step9]**　在"导航"对话框中，单击"穿着顾问"后的向下移动符号，移动类目位置，如图 3-84 所示。如果需要移动导航类目位置或者删除导航类目，则单击"导航"对话框中该类目后的上下移动↑　↓或删除符号✕。

**[Step10]**　通过"自定义链接"模块的"链接地址"栏目里添加店铺已经设计好的网页地址，填写"链接名称"。单击"保存"按钮，在弹出的对话框中，选中链接名称前的复选框，单击"确定"按钮，也可以在导航里添加栏目，如图 3-85、图 3-86、图 3-87 所示。

图 3-84　移动类目位置

图 3-85　单击"添加链接"

图 3-86　填写名称与地址

图 3-87　勾选链接名称

## 3.3.5　图片轮播

海报店铺页头下方(店招和导航)，大多以轮播图的形式展现于首屏，是首页黄金广告语。首页海报的作用主要体现为展示店铺活动、推广单品、提升品牌形象。单击展示店铺活动的海报图片后会跳转到活动分类页面，单击推广单品的海报图片后会跳转到宝贝详情页。

图片轮播宽度是 950 px，高度为 100～600 px 之间。如果希望实现更大的视觉冲击效果，可以添加全屏轮播模块，宽度为 1920 px。图片轮播一般用来展示店铺推荐商品、店铺活动等，设置图片轮播的具体操作步骤如下。

[Step1]　进入网店装修页面 PC 端首页装修页面，选择"布局管理"→"添加布局单元"命令，如图 3-88 所示。

图 3-88　添加布局单元

**[Step2]** 在弹出的"布局管理"对话框中单击"950/1920(通栏)"按钮，出现"请拖入模块"单元，如图 3-89 所示。

图 3-89  选择单元规格

**[Step3]** 单击选中左侧 950 尺寸下的"图片轮播"模块，将其拖曳到"请拖入模块"单元，如图 3-90 所示。然后设立"图片轮播"模块，效果如图 3-91 所示。

图 3-90  拖入"图片轮播"模块

图 3-91  添加"图片轮播"模块

**[Step4]** 单击"页面编辑"按钮，把鼠标指针放在新设的"图片轮播"模块上，单击右边出现的"编辑"按钮，如图 3-92 所示。

图 3-92  单击"编辑"按钮

**[Step5]** 在弹出的"图片轮播"对话框中，单击"图片地址"文本框后的 ▦ 按钮，选择事先设计好的图片。也可以事先进入图片空间复制图片链接，然后将其粘贴在"图片地址"下方的文本框内。添加地址后，单击左下角的"保存"按钮，保存图片地址。一般需要 2～4 种商品图片，更多细节可查看"图片轮播"对话框右上角的"使用帮助"，效果如图 3-93 所示。

**[Step6]** 在"图片轮播"对话框中单击"显示设置"标签，切换到"显示设置"选项卡，对本模块标题是否显示、模块高度和切换效果进行设置。可以设置为显示标题，也可以设置为不显示标题，模块高度需要与选择的图片高度相符合，设置完成后单击"保存"按钮，如图 3-94 所示。

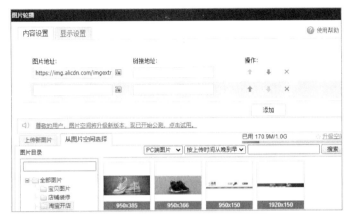

图 3-93　添加图片　　　　　　　　　　　　　　图 3-94　显示设置

**[Step7]** 选择"发布站点"→"立即发布"命令，如图 3-95 所示，前台效果如图 3-96 所示。

图 3-95　立即发布

图 3-96　发布成功后的效果

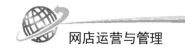
## 3.3.6 宝贝详情页

宝贝详情页是详细介绍商品的页面。为了促进其他商品的销售，可在宝贝详情页添加搭配套餐、宝贝分类、关联商品等。宝贝详情页是影响消费者是否下单的最重要因素。此外，因为自然搜索结果、聚划算等官方活动和直通车单品推广等付费推广工具引流，均采用从商品主图导流到宝贝详情页的形式，因此，宝贝详情页也是流量的主要来源入口。好的宝贝详情页会提升客户的购买欲望，增加客户停留时间，降低跳失率。所以宝贝详情页的内容和布局必须予以重视。

宝贝详情页均有固定尺寸。如淘宝 PC 端宽度为 750 像素，天猫 PC 端宽度为 790 像素，手机端宽度为 480 像素～1412 像素。为了手机端和 PC 端通用，一般按照 PC 端宽度设置。虽然长度没有限制，但由于客户网上浏览的耐心有限，因此页面不能过长。

宝贝详情页是在发布宝贝的时候，在"图文描述"模块添加的图片。图文描述包含主图图片和主图视频、电脑端描述、手机端描述三个部分。"电脑端描述"和"手机端描述"可以添加文字、图片、图文混排，如图 3-97 和图 3-98 所示。

图 3-97　电脑端描述

图 3-98　手机端描述

### 1. 详情页的制作流程

(1) 文案设计。通过分析商品属性、消费人群、竞品等方法，对我们的产品定位，提炼商品卖点。文案需要图文结合，简洁、重点突出，传达信息精准，合理展现为消费者提供的利益点。不同的定位不同的消费者，需求也不同，制作的图片和文字也可能会有些许差异。

(2) 图片、视频收集与美化。

(3) 内容模块布局。详情页按照一定的逻辑顺序进行规划布局。为了促进销售，详情页需要从多方面展现商品，如促销活动、总体展示、细节展示等。如果排序不合理，则会造成消费者感官、思维混乱，导致成交量降低。

完整内容模块排列布局一般如下：促销活动/关联营销→宝贝焦点图/整体图→宝贝使用场景图→宝贝细节图→客户体验评价→品牌介绍/企业介绍/资质证书→购物须知。根据商品和店铺需要取舍需要的内容模块，一般整体图和宝贝细节图是详情页必备内容。

(4)　设计制作。用 Photoshop 设计宝贝详情描述图。

(5)　审核上传。

### 2. 详情页内容模块

(1)　基本信息。基本信息一般在上传宝贝时输入，在宝贝详情页中的上方和宝贝详情部分显示，这两部分的基本信息由系统自动展示，不需要设计，如图 3-99 和图 3-100 所示。

图 3-99　填写信息

图 3-100　详情页展示基本信息

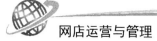

商品价格、尺码、颜色、数量等重要参数，在宝贝详情页中的上方自动展示，其他基础信息在宝贝详情/商品详情参数部分显示，如服装类的材质、适用年龄、衣长等属性，如图 3-101 所示。

图 3-101　详情页显示商品参数

如果希望在宝贝详情页下方单独展示属性，则需要设计，如图 3-102 所示。

图 3-102　自制的商品属性

(2) 关联海报。关联海报用来介绍促销信息，关联商品链接等，以增加客户停留时间和访问深度，如图 3-103 所示。

(3) 商品展示。商品展示可以大致分为商品总体展示、卖点展示、细节展示等，有些商品还会进行商品对比、生产流程、资质证书、物流包装、商品问答等形式的展示，如图 3-104 所示。

图 3-103　关联海报

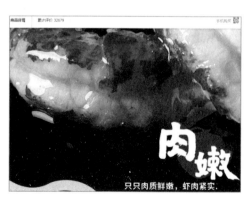

图 3-104　商品展示

# 扩 展 阅 读

## 中秋国庆双节促销活动安排案例

中秋节以月之圆象征人之团圆，用以寄托思念故乡、思念亲人之情，是我国重要的传统文化节日。所以每年的中秋节，很多在外工作的人们纷纷回家团聚赏月，月饼也是中秋节中重要的传统美食之一。中秋节与春节、清明节、端午节并称为"中国四大传统节日"。

针对中秋节，不少商家每年都会策划活动，来带动消费者的积极性。在举办活动的时候一定也要给产品主图打上活动的标识，让看到产品的客户知道店铺正在做活动。因为对于消费者来说，在节日的时候店铺做活动是应该的，而且客户也喜欢在节日的时候为活动买单。所以不少商家在日常运作店铺的时候，遇到传统节日，一定要把活动在主图上体现出来，那样才能吸引客户单击进来。比如中秋可以写上"欢聚中秋，买 N 赠 M，满 N 元减 M 元"之类的，如图 3-105 和图 3-106 所示。

图 3-105　商品效果

图 3-106　商品效果

活动期间店铺的装修，尤其是店铺首页或者活动承接页的装修，一定要尽量做得热闹一点，符合活动气氛，让客户能感受到节日的气氛。

首先是从海报的设计上，不管是文案还是图片一定要和节日契合，比如中秋节文案就可以是"中秋有礼，全场三折起售"之类的；然后是产品的推荐上，整体背景尽量用活动图，而价格展示的时候尽量用日常销售价和活动价来体现。

既然是活动，那么价格就是很关键的问题。活动期间能否促进客户购买的活动力度是很重要的一个因素，只要活动做到位销售额是可以保证的。

其实对于淘宝的活动来说最重要的就是活动前、活动中、活动后要做的事情。活动前要做好推广，采用促销方式让客户知道店铺在做活动。活动中要做好产品的维护，确保库存、优惠券、客服等不会出现问题。活动后要做的事情就是发货和售后，不能造成店铺的评分下滑，这样就得不偿失了。只有多举办促销活动，多做活动后的总结，才能把活动越做越好。

(资料来源：数据蛇. "双节"促销季又来了！教你两招营销新套路，不怕淘宝店铺没销量[EB/OL].
(2019-09-07)[2023-09-25]. https://baijiahao.baidu.com/s?id=1643988235899152702&wfr=spider&for=pc)

# 同 步 测 试

## 一、单项选择题

1. 装修店铺最终是为了(　　　)。
   A. 漂亮　　　　　　B. 有个性　　　　　C. 放置产品　　　　D. 提高转化率
2. 店招必须要有的信息是(　　　)。
   A. 品牌信息　　　　B. 客户评价　　　　C. 商品主图　　　　D. 店铺二维码
3. 对毛发、透明物体抠图常用的工具是(　　　)。
   A. 魔棒工具　　　　B. 通道工具　　　　C. 快速选择工具　　D. 矩形选框工具
4. 淘宝智能版旺铺全屏轮播海报的宽度为(　　　)。
   A. 950像素　　　　B. 540像素　　　　C. 1920像素　　　D. 600像素
5. 淘宝PC端详情页的宽度是(　　　)。
   A. 950像素　　　　B. 540像素　　　　C. 750像素　　　　D. 600像素

## 二、多项选择题

1. 图片空间中的图片管理包括的操作有(　　　)等。
   A. 图片移动　　　　B. 图片引用　　　　C. 图片替换　　　　D. 图片删除
2. 素材中心一般用来保存(　　　)。
   A. 图片　　　　　　B. 视频　　　　　　C. 动图　　　　　　D. Word文档
3. 抠图常用的工具有(　　　)。
   A. 快速选择工具　　B. 魔棒工具　　　　C. 套索工具　　　　D. 钢笔工具
4. 装修页面一般有(　　　)。
   A. 店铺首页　　　　B. 宝贝详情页　　　C. 自定义页　　　　D. 店内搜索页
5. 宝贝详情页的内容一般包括(　　　)。
   A. 商品基本信息　　B. 商品细节　　　　C. 商品总体展示　　D. 商品卖点

## 三、简答题

1. 简述图片旋转的操作步骤。

2. 简述店招设计的操作步骤。

3. 简述上传店招的操作步骤。

4. 简述导航设置的操作步骤。

5. 简述设置图片轮播的操作步骤。

## 四、案例分析

### 网店运营案例

小刘经营一家网店，通过观察发现某商品近 7 天的经营明细数据如表 3-1 所示。

表 3-1　某商品近 7 天的经营数据统计

| 商品访客数 | 商品浏览量 | 平均停留时长/秒 | 详情页跳出率 |
| --- | --- | --- | --- |
| 1712 | 3324 | 23.2 | 89.26% |

思考题：

(1) 请找出该商品的异常数据，并分析出现以上异常的原因。

(2) 提出该商品的优化策略？

# 项 目 实 训

## 千 牛 操 作

### 实训目的

(1) 掌握网店店招等功能模块设计的步骤；培养实际网店形象设计的能力。

(2) 掌握网店功能模块布局管理；提高实际工作能力和专业技能。

### 实训内容

(1) 明确实训主题。

(2) 整理装修素材。

(3) 店铺模块布局。

(4) 操作网店装修。

(5) 实训结束后，完成对实训的总结。

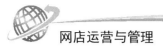

实训要求

| 训练项目 | 训练要求 | 备 注 |
|---|---|---|
| 步骤一：明确实训主题 | (1) 了解个人特长。<br>(2) 查看经营网店 | 掌握正确的市场调查方法 |
| 步骤二：整理装修素材 | (1) 采集合适的图片。<br>(2) 图片处理 | 掌握图片处理方法 |
| 步骤三：店铺模块布局 | 增减首页模块 | 掌握网店模块布局要求 |
| 步骤四：操作网店装修 | (1) 设计店招。<br>(2) 上传店招。<br>(3) 图片轮播编辑 | 掌握网店装修操作步骤 |

# 课 程 思 政

　　网店装修可以在设计作品中融入传统文化、民族精神、中国元素、时尚风格，从而弘扬民族文化，体现中华民族传统文化的魅力，提升审美意识，增强文化自信，培养爱国情怀。通过项目设计从简单到复杂的学习，应该培养创新思维，激化创造、创新能力和自主解决问题的能力，培养精益求精的精神。

# 第4章　网店日常经营与管理

## 【知识目标】

- 了解商品上下架的意义。
- 掌握商品上下架的操作。
- 掌握商品信息修改的操作。
- 掌握商品分类设置的操作。
- 掌握处理退款的操作。
- 掌握关闭交易的操作。
- 掌握评价卖家的操作。
- 掌握子账号创建的操作。

## 【技能目标】

- 提高商品管理能力。
- 提高评价管理能力。
- 培养交易管理能力。

## 【引导案例】

### 从亏损到成功

2021年20岁的小杨有了创业的想法，"我发现好几个有孩子的亲戚，他们家奶瓶、奶嘴、尿不湿这些用得特别快，就想到选择母婴产品创业。"

一开始，小杨做淘宝，后来加入了天猫。然而万事开头难，初出茅庐的小杨遇到了许多困难："我们不了解各种母婴产品的品牌，吃了不少亏，产品的推广宣传我们不懂，成本太大。近年来由于网站平台的流量增长放缓，导致网店的销量减少。"在开始创业的近一年时间里，小杨算了算，他们亏了二三十万元。

后来经过大量的对比，小杨选择了质量有保证、讲信誉的品牌商，挑选好的商品。从以前的粗放式经营，向数据分析化的精细经营转变，从而挖掘更多的流量。进行多渠道推广，优化产品布局，提高搜索排名。根据自身实力，合理安排上架时间，尽量与同行爆款错开竞争时间。避开竞争高峰期，让宝贝尽可能大地获取更大的曝光。这是宝贝前期优化必须要考虑的。所有的宝贝优化工作，必须要在上架之前就做好，这样就能避免时间成本和广告成本的更大浪费。及时安排发货，对客户的问题及时跟进，对于不想要的顾客也要

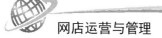
网店运营与管理

保持良好的服务态度，从而赢得大家的好评。因此，店铺的销售额慢慢有了起色。

2019年小杨的网店销售额做到了5000万元，他计划进一步拓展产品品类，并争取在3到5年后，推出自有的母婴品牌。

案例分析：

请分析小杨的网店为什么能够扭亏为盈。

【知识要点】

# 4.1　网店经营管理

## 1. 产品的概念

现代意义上的产品是指能通过市场供给，满足人们某种需要和欲望的事物，包括实物、服务、思想等多种形式。产品的整体概念可以从以下五个方面来理解。

(1) 核心产品：是指客户购买产品所追求的利益，是产品的基本效用。如手机的通话功能是其核心产品。

(2) 形式产品：是指核心产品借以实现的形式或目标市场对某一需求的特定满足形式。形式产品通常表现为式样、品质、特征、商标及包装。

(3) 期望产品：是指客户在购买该产品时，通常期望和默认应该得到的与产品密切相关的属性和条件。比如酒店的客人期望的是干净的床、干净的毛巾等

(4) 附加产品：客户购买形式产品和期望产品时，所附加的服务和利益。比如产品使用说明书、送货上门、安装、维修、技术培训、售后服务等。

(5) 潜在产品：是指现有产品包括所有附加产品在内的，可能发展成为未来最终产品的潜在状态的产品。如电视机发展为智能终端。

唯有生产和销售适应市场需求的产品才能为企业带来发展与成功。

## 2. 产品的种类

网店产品按照不同的方法可分为以下类型。

(1) 根据交付形态与方式分为以下两种类型。

① 实物产品。是指具有具体外在形态的产品。如服装、鞋类、手机、数码等。

② 虚拟产品。是指可以通过下载或在线等形式使用的数字产品和服务，产品形式是无形的。如网络游戏点卡、网游装备、QQ号码、Q币、电子书等。

(2) 按照耐用程度以及是否有形分为以下三种类型。

① 耐用品。是指能多次使用、寿命较长的有形产品，例如汽车、家具等。

84

②　非耐用品。是指使用次数较少、易损耗，需要经常购买的有形产品，例如饮料、食品等。

③　服务。服务的生产和消费是同时进行的，是一种无形的、不可分离的、可变的和易消失的产品。如理发服务等。

(3)　根据购买特征可分为以下四种类型。

①　便利品。是指消费者经常购买，需要在需要时尽快买到，不愿意或花较少时间进行购买比较的产品。如香皂、肥皂、牙膏等。

②　选购品。是指消费者在选购过程中，对质量、价格、适用性和式样等方面会认真比较、挑选后才决定购买的产品。如电脑、手机等。

③　特殊品。是指具有特殊性或具备其他商品所没有的特征和(或)品牌标记的产品，一般会花时间与精力去购买。如特殊式样的汽车、古董。

④　非渴求品。是指客户不了解或即便了解也没有兴趣购买的产品。

电子商务平台上销售的产品主要是实物产品、服务产品。

### 3. 产品发布要素

产品发布要素如下。

(1)　产品标题。产品标题由关键词组成，必须包含核心关键词，另外还可以包含品牌、用途、型号、规格等特征描述，以及相关流行词。不能堆砌关键词。

(2)　产品属性。产品属性是指发布的产品的类型、颜色、款式、型号、风格、品牌等，各个行业的商品属性不完全一样。产品属性要求尽量填写准确、完整，作为产品归类、消费者参考的依据。

(3)　产品图片。产品图片要求背景清晰、主体突出。淘宝主图要求 500 px×500 px，大小在 3 MB 以内，格式为 JPG 或 GIF。当主图的尺寸大于 700 px×700 px 的时候，图片会有放大功能，就是当客户在电脑上浏览宝贝主图的时候，在主图的右侧会有一个局部放大的功能，可以让客户更清楚地观看宝贝图片。主图上尽量不要有太多的文字，因为如果文字太多太花哨，对于宝贝主体的权重有较大损害。

(4)　产品描述。产品描述应该有商品整体形象描述、细节描述、规格尺寸及商品其他信息，如商品主要面向人群、适用环境等。产品描述一般以图文结合的形式展现，需要具有一定的逻辑性。

跨境电商平台要求产品描述信息越丰富越好，可以从多维度介绍产品，并且要求条理清楚、层次分明。

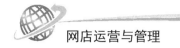
# 4.2　商　品　管　理

## 4.2.1　商品上、下架

网店宝贝上下架是网店日常管理的常见操作，是网店日常运营优化的重要组成部分。

### 1. 商品上架

发布商品信息后可以立即上架、定时上架或者放于后台仓库中，后台仓库中的商品可以在销售时随时上架。

下面以仓库中的宝贝上架为例进行介绍。

1)　立即上架

**[Step1]**　单击"宝贝管理"模块中的"仓库中的宝贝"标签，切换到"仓库中的宝贝"选项卡，然后找到需要立即上架的宝贝，单击"立即上架"超链接，如图 4-1 所示。

图 4-1　找到待上架宝贝

如果商品较多，可以通过"商品标题""商品 ID"等筛选条件筛选需要操作的商品。

**[Step2]**　在弹出的"立即上架"对话框中单击"确认"按钮即可，如图 4-2 所示。

2)　定时上架

如果希望宝贝在某个时间自动上架，单击待上架商品后的"自动上架"超链接，在弹出的"设置定时上架"对话框中设置时间，然后单击"上架"按钮即可，如图 4-3 所示。

图 4-2　确认立即上架

图 4-3　设置定时上架时间

3)　批量上架

如果有多个商品需要上架，则先选中这些商品，然后单击"批量上架"按钮，如图 4-4 所示。在弹出的"批量上架"对话框中单击"确认"即可，如图 4-5 所示。

图 4-4　选择多个商品

图 4-5　确认批量上架

## 2. 商品下架

当宝贝由于缺货等原因需要进行下架处理时，就可以单击"宝贝管理"模块中的"出售中的宝贝"标签，切换到"出售中的宝贝"选项卡，找到需要立即下架的宝贝，单击"立即下架"超链接，如图 4-6 所示，然后在弹出的"立即下架"对话框中单击"确认"即可。

图 4-6　找到要立即下架的商品

## 3. 商品上、下架的意义

淘宝宝贝的上、下架时间是影响自然搜索排名的综合因素之一。利用好宝贝上、下架时间，可以免费实现增长店铺流量及成交率。上、下架时间为七天一个周期，发布宝贝的时间会影响到宝贝下架的时间。当一个商品临近上下架时间段，有优先展现机会，但优先展现并不是一定能够在首页展现，还要结合其他影响搜索排名的因素进行综合排名。

## 4.2.2　商品信息修改

单击"宝贝管理"模块中"出售中的宝贝"标签，切换到"出售中的宝贝"选项卡，找到需要修改信息的宝贝，单击"编辑商品"超链接，如图 4-7 所示。

图 4-7　待编辑商品页面

在弹出的对话框中修改相关信息，修改完毕后，单击"提交宝贝信息"按钮，如图 4-8 所示。

图 4-8　商品信息编辑页面

## 4.2.3　商品分类管理

一般网店上架的产品有很多种类别，合理地制定产品分类有利于买家快速寻找到合适的产品，从而降低页面跳失率，提升转化率。

网店商品分类的设置步骤如下。

**[Step1]**　进入店铺后台，单击"店铺管理"→"宝贝分类管理"超链接，如图 4-9 所示。

**[Step2]**　在打开的"分类管理"页面，单击"添加手工分类"按钮，在"分类名称"文本框中填入类目名称，如图 4-10 所示。

图 4-9　宝贝分类管理入口

图 4-10　输入类目名称

**[Step3]**　单击右上角的"保存更改"按钮，效果如图 4-11 所示。

图 4-11　新类目的设置与保存

**[Step4]**　单击已经设定好的"运动鞋"类目"添加图片"按钮，输入设计好的类目图片地址或插入图片空间设计好的类目图片。

**[Step5]**　单击"宝贝管理"页面，找到"未分类宝贝"选项，如图 4-12 所示。

图 4-12　找到"未分类宝贝"选项

**[Step6]**　单击"添加分类"下拉按钮，从中选择"运动鞋"选项，将其分到"运动鞋"类目中，然后即可在本页面的"已分类宝贝"的"运动鞋"类目中查看，如图 4-13 所示。

图 4-13　选择"运动鞋"类目

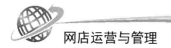

**[Step7]** 单击"页面装修"下拉按钮，从中选择"电脑页面装修"选项，单击"发布站点"下拉按钮，从中选择"立即发布"选项，如图4-14所示。即可在网店前台"运动鞋"类目中看到原来的未分类宝贝已经划分到"运动鞋"类目中。

图4-14　立即发布新分类

# 4.3　交　易　管　理

网店交易管理包括处理买家待付款、处理退款要求等。

## 4.3.1　买家待付款

"买家待付款"的消息表示客户已经拍下该商品，但是还没有付款。此时卖家需要等待或者催促买家付款。

(1) 提醒买家付款。卖家单击订单上的"提醒买家付款"按钮，旺旺就会发出提醒付款消息。

(2) 关闭交易。如果卖家因为缺货或者其他买家的个人原因，使交易无法完成，则此时需要进行协商关闭交易。

(3) 修改价格。经过买卖双方协商一致，需要对价格进行修改时，则要在买家支付货款前对商品价格进行修改。

## 4.3.2　处理退款要求

买家付款后因为不需要等原因需要退款时，如果符合退款条件，则卖家需要处理买家的退款请求，具体操作如下。

**[Step1]** 进入店铺后台，选择"交易管理"→"已卖出的宝贝"命令，进入已卖出的宝贝页面。

**[Step2]** 单击"请卖家处理"按钮，打开的是同意退款处理界面，如图4-15所示。

**[Step3]** 单击"同意退款申请"按钮，打开同意退款处理界面。

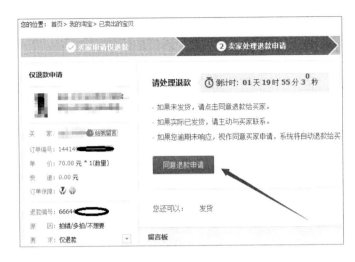

图 4-15　同意退款处理界面

**[Step4]**　输入支付宝支付密码，弹出"退款成功"页面，表示成功退款。

一般当卖家收到发出的宝贝，才单击同意退款。

如果买家无理由操作退款或理由不当，卖家可以单击"拒绝退款申请"按钮，并输入拒绝的理由，来完成拒绝退款申请操作。拒绝退款申请后退款状态变更为卖家不同意协议，等待买家修改，买卖双方可以再进行友好协商，如果最终无法达成一致，淘宝官方客服将会介入进行处理。

### 4.3.3　关闭交易

当出现商品未付款、买家取消购买、买家重新下单等情况时，卖家可以在"已卖出的宝贝"页面取消该订单。关闭交易的方法为：打开卖家中心页面，打开"交易管理"模块中的"已卖出的宝贝"页面，在需要关闭交易的商品的"交易状态栏"栏中单击"关闭交易"超链接，如图 4-16 所示。

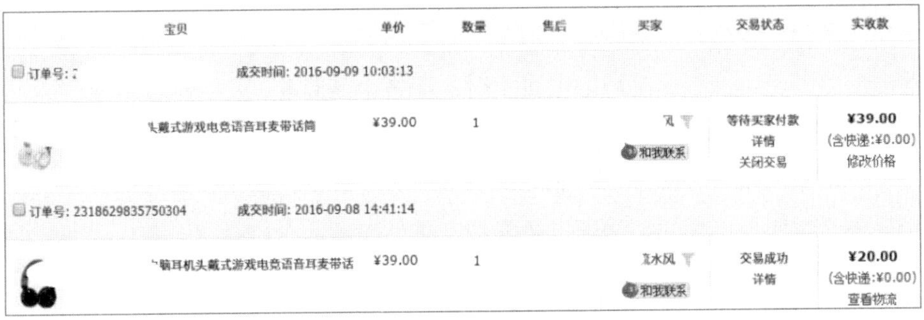

| 宝贝 | | 单价 | 数量 | 售后 | 买家 | 交易状态 | 实收款 |
|---|---|---|---|---|---|---|---|
| ☐ 订单号：□ | 成交时间：2016-09-09 10:03:13 | | | | | | |
| ☐ | 飞戴式游戏电竞语音耳麦带话筒 | ¥39.00 | 1 | | ☑ ▽ 和我联系 | 等待买家付款 详情 关闭交易 | ¥39.00 (含快递：¥0.00) 修改价格 |
| ☐ 订单号：2318629835750304 | 成交时间：2016-09-08 14:41:14 | | | | | | |
| ☐ | 耳机头戴式游戏电竞语音耳麦带话 | ¥39.00 | 1 | | 飞水风 ▽ 和我联系 | 交易成功 详情 | ¥20.00 (含快递：¥0.00) 查看物流 |

图 4-16　单击"关闭交易"超链接

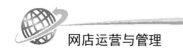

# 4.4 评 价 管 理

## 4.4.1 评价买家

完成订单之后买家可以对商品做出评价，同时卖家也可以对买家进行评价。淘宝网主要有"店铺信用评价"和"店铺动态评分(DSR)"评价体系，如图 4-17 所示。

图 4-17  淘宝网站店铺信用等级与店铺动态评分(DSR)的位置

### 1. "店铺信用评价"与 DSR

店铺信用评价得分影响店铺信用等级，当卖家收到买家给的交易评价的，店铺的信用积分就会持续累积。其信用度分为红心、钻、蓝冠、黄冠 4 个层次，共包括 20 个级别。

店铺动态评分(DSR)包含：描述相符、服务态度、物流服务三项指标。

店铺评分仅能由买家在交易成功的 15 天内进行打分，打分机制为五星制，每项指标均有一星——五星共五档。

目前店铺评分一旦作出则无法修改或删除，并且暂不支持查看单笔订单的店铺评分情况。

店铺动态评分的参考标准如下。

①宝贝与描述相符。

5 分——质量非常好，与卖家描述的完全一致，非常满意。

4 分——质量不错，与卖家描述的基本一致，还是挺满意的。

3 分——质量一般，没有卖家描述得那么好。

2 分——部分有破损，与卖家描述的不符，不满意。

1 分——十分差，与卖家描述的严重不符，非常不满意。

②卖家的服务态度。

5 分——卖家的服务太棒了，考虑非常周到，完全超出期望值。

4 分——卖家服务挺好的，沟通挺顺畅的，总体满意。

3 分——卖家回复很慢，态度一般，谈不上沟通顺畅。

2 分——卖家有点不耐烦，承诺的服务也兑现不了。

1 分——卖家态度很差，还骂人、说脏话，简直不把顾客当回事。

③物流公司的服务。

5 分——物流公司服务态度很好，运送速度很快。

4 分——物流公司态度还好吧，送货速度挺快的。

3 分——物流公司服务态度一般，运送速度一般。

2 分——物流公司服务态度挺差，运送速度太慢。

1 分——物流公司态度非常差，送货慢，外包装有破损。

### 2. 评价管理

1)　评价管理页面

"评价管理"模块位于淘宝后台"交易管理"模块。如图 4-18 所示。

图 4-18　评价管理入口

进入"评价管理"模块后评价中心有以下栏目。

评价导航栏：卖家在进入评价中心首页后，可在导航栏中看到今日需要处理的评价数据。

异常评价：是指今日平台主动预警的疑似问题评价，需要卖家确认或者提供相关凭证后处理。

待回评：是指今日待卖家回评消费者的数据统计。

待消费者评价：是指今日待消费者评价的数据统计。

预警评价：卖家可以对平台预警的异常评价进行处理或对异常的评价进行主动投诉。

评价统计：展示近 6 个月、1 个月、1 周的评价统计数据。买家可对交易成功的淘宝订单作出信用评价，得分影响店铺的信用等级，其中，"好评"加 1 分，"中评"计 0 分，"差评"扣 1 分。如图 4-19 所示。

| 评价统计 ⑦ | | | | 全部＞ |
| --- | --- | --- | --- | --- |
| | 最近1周 | 最近1个月 | 最近6个月 | 累计评价 |
| 好评 | 0 | 0 | 0 | |
| 中评 | 0 | 0 | 0 | 累计评价 |
| 差评 | 0 | 0 | 0 | 0 |
| 信用总计 | 0 | 0 | 0 | ● 好评(无数据)　● 中评(无数据) ● 差评(无数据) |

图 4-19　"评价统计"栏目

2)　卖家评价管理操作

在"已卖出的宝贝"页面中需评价的商品的"评价"栏中单击"评价"超链接即可进

行评价。

卖家可在订单显示"交易成功"状态的 15 天内进行一次评价。

卖家评价的路径如下。

(1) 进入卖家中心页面，单击交易管理页面，单击已卖出的宝贝页面，找到订单进行评价。

(2) 进入卖家中心页面，单击交易管理页面，单击评价管理页面，再进入"待卖家评价"页面进行评价，如图 4-20 所示，填写评价内容，然后单击"发表评论"按钮，如图 4-21 所示。

图 4-20　"待卖家评价"页面

图 4-21　填写评价内容

3) 修改/删除评价

若给出好评，则无法修改或删除；若给出中评/差评，可以修改或删除。

操作路径：淘宝网首页→我的淘宝→评价管理→给他人的评价，找到该评价进行修改或删除，并且只有一次机会。

(1) 批量回评功能：卖家可进入操作卖家中心→交易管理→评价管理，单击"待卖家评价"按钮，操作"批量好评"功能。

(2) 天猫店铺的卖家无须给买家评价，买家评价之后系统会自动给买家评价。

## 4.4.2　子账号管理

子账号的功能是对店铺流量进行分流，以便让更多的人管理店铺。

**[Step1]**　主账号进入淘宝后台，进入"店铺管理"页面，选择"子账号管理"模块，如图 4-22 所示。

**[Step2]**　进入子账号管理首页后，单击"新建员工"按钮，如图 4-23 所示。

图 4-22　子账号入口

图 4-23　单击"新建员工"按钮

**[Step3]**　填写该子账号信息后确认新建即可；若使用手机，请填写使用该子账号的用户手机，如图 4-24 所示。

图 4-24　信息填写页面

**[Step4]**　填写完毕后单击右上方"确认新建"按钮。

子账号信息填写说明如下。

(1) 带*的栏目为必填项。

(2) 账号名：系统将默认在账号名前面加上店铺名称，无须自行填写，支持 1～32 位数字+英文+中文的任意组合，不允许使用纯数字或特殊符号。

(3) 密码：支持 8～15 位英文字母、数字的任意组合。

(4) 部门：上下级部门之间用"-"隔开，且从最上级部门开始，例如"我的团队-客服部"。

(5) 安全验证手机：如果是大陆手机号直接填写即可，非大陆手机号需要添加国际区号，例如"+××-×××××××××××"。

子账号创建后需要认证，认证是为了交易安全，建立店铺员工管理秩序，确保员工身份可靠性。

子账号注意事项如下。

(1) 子账号创建成功后未认证的情况下，系统默认该账号为禁言状态，即消息发送后对方无法接收。如需正常使用需要立即完成认证。

(2) 子账号创建完成后可以在千牛、淘宝网、淘宝助理等淘系产品的客户端和网页登录。登录时先输入创建的子账号(如"淘宝网：张三"，其中冒号必须为英文格式下的)及密码，然后单击"登录"按钮即可。

(3) 子账号是商家账号，不能用来购买商品和定制服务，所以也不支持登录手机淘宝和旺信。

(4) 店铺内子账号命名不能重复，若提示已被占用，请通过选择"子账号管理"→"员工管理"命令搜索已重复命名的账号进行操作并恢复使用；若未搜索到该子账号请在"查看离职员工"中搜索。

# 扩 展 阅 读

## 良品铺子：实体零售创新转型的引领者

总体来看，"新零售"模式有三个核心点：一是线上线下趋于统一，实体和电商融合发展；二是体验式消费、个性化服务融入消费者生活；三是企业生产智能化、科技化。从这三个角度来看，零食品牌良品铺子正是实体零售创新转型的引领者。

像小米这样的手机厂商在狂飙突进多年之后发现，由于对线下渠道不够重视，导致其逐渐面临增长瓶颈。纯线下零售企业面临的困境可能更严重，比如沃尔玛等，由于长期不在线上投入精力，企业经营正在面临线下流量缩减成本却逐渐提高的问题，而正因为如此，沃尔玛在全球关闭了 269 家门店。

对于零售企业而言，显然不能仅仅只专注于一个渠道。"新零售"的本质其实是线上线下的跨界、效率的提升、覆盖面的扩大。良品铺子作为一家零食企业，直接整合门店、电商、第三方平台和移动端以及社交电商这五大渠道，这种做法可以说适应了多个消费场景。

良品铺子开辟的渠道有：2100 多家实体门店；天猫、京东等线上电商平台；本地生活平台，如饿了么、美团外卖、口碑外卖、百度外卖等；良品铺子自主研发的 APP；微信、QQ 空间、百度贴吧等社交媒体。

零售的目的不是单纯追求线上或单纯追求线下。对于不同年龄段、不同区域的用户而言，其购买零食的习惯各异。大城市的年轻人可能喜欢在线上电商平台购买零食，三、四线城市的父母喜欢在线下帮孩子挑选零食；女生在逛街时看到果脯在门店摆着，很可能就会勾起她的食欲。多个渠道全面覆盖的做法才能真正满足不同用户的需求。

良品铺子线下 2100 多家门店通过饿了么平台的承载，直接缩短消费者购买路径、送达时间，降低了购买的成本。和饿了么之间的合作特别能看出良品铺子的理念新潮——买零食往往是冲动消费，晚上在家看电影、打游戏时就是那么一瞬间特别想吃薯片、喝饮料，过了那个劲就没胃口了。欲望来得快，去得也快，因此非常考验物流的时效性。

良品铺子和饿了么牵手，一方面发挥了自家门店的优势，另一方面也把互联网的渠道、物流发挥得淋漓尽致。

零食企业渠道做得再好，零食品质不好、味道不好都枉然。零食好吃、品质高，对于一家零食厂商来说才是王道。

知乎上曾有这样一个问题："为什么良品铺子的东西那么贵？" 当时这个问题下面有很多回答，比如说"良品铺子的食品大多是经过精挑细选而来的"，又比如说"口味好、质量赞"，但真正最让人印象深刻的回答是这样的："作为同行来看，只能说一分钱一分货。" 同样的工厂但是标准要求不一样，生产线不一样，做出来的东西就会天差地别。刚接触糕点行业时，代工厂的人说某个牌子要求鸡蛋含量 18%就行，但是良品铺子却说没达到标准，送过去的货全部退回。

对于很多人来说，总认为零食这种东西只不过是用来消闲，但是人的味蕾是不会欺骗自己的。

笔者曾经在天猫超市购买过两个品牌的鸭脖，一个是良品铺子，另一个是一家知名品牌。当时良品铺子的鸭脖价格比另外一家高了三分之一，但两种鸭脖买回来以后明显发现味道有很大的区别——前者味道偏甜，且相对新鲜；后者口感太柴，甚至其中食用油味道让人难以忍受。

良品铺子创始人曾说："零食没有性价比这一说。" 中国的经济在高速发展，人们对零食的想法已经发生变化，内心不是怕贵，而是怕不好或者不值。零食品类有一个特点，很多东西都是农产品加工，原料品质有很大的关系，而且会受当年天气的影响；原材料不新鲜、不标准化，产品的味道就会出现很大的偏差。

　　"零食"这个词在很多"80后""90后"心中存在阴影，因为儿时父母总说零食是垃圾食品。确实，当时很多零食吃着爽口，但是其中高油、高盐，一些食品添加剂对于人体的健康损害很大。

　　不过良品铺子的思路却不一样，其更加关注健康和营养。对于"95后""00后"这一代更注重生活品质的年轻群体来说，良品铺子显然是成功的。

　　全渠道运营、高品质产品这些都非常重要，但对于未来来说，数字化运营在新零售推进中会越来越重要。

　　马云曾经不止一次谈到，人类社会正在从 IT 时代走向 DT 时代。所谓 DT 时代，也就是 Data Technology 的时代。在 DT 时代这个概念刚刚提出的 2014 年，良品铺子从 2014 年下半年开始，与 IBM 和 SAP 进行全渠道整合。用良品铺子创始人的话来说，经营的核心环节将是数字化，所有跟良品铺子发生交易和互动的顾客的行为和环节，全部都会被记录下来：商品卖给了谁；他为什么感兴趣；回头率有多少；有多少利润贡献；核心会员对美食的评论，对健康的评论，对旅游的评论。

　　目前，良品铺子线上线下的会员达到 3000 万。3000 万会员积累起的消费数据以及用户画像非常可观，这是一个数据富矿。这种用全渠道的模式挖掘会员价值的方式正在为打通会员、商品、促销、物流、订单等打下基础，对于未来的精准营销、智慧物流、门店选址甚至是新口味零食的开发都会有非常重要的作用。

　　2016 年，良品铺子已在全国五省二市开了 2100 家门店，2016 年其全渠道销售额突破 60 个亿。线下门店更是没有一家亏损。这样一家零食企业已经悄然成长为行业第一。马云一直在说的新零售，在良品铺子身上可谓实现得淋漓尽致。

（资料来源：庐陵子村.良品铺子：实体零售创新转型的引领者[J/OL].(2017-10-13)[2023-09-25].
https://www.cmmo.cn/article-207821-1.html)

**案例分析：**

从材料中可以看出良品铺子进行了哪些有益的探索？

# 同 步 测 试

## 一、单项选择题

1. 合理规划淘宝店铺宝贝上下架时间，有利于(　　　)。

　　A. 发货　　　　　　　　　　　　B. 提升自然搜索排名

　　C. 客户应答　　　　　　　　　　D. 评价管理

2. 网店商品管理不包括(　　　)。

  A. 商品下架         B. 商品分类管理

  C. 处理退款要求        D. 商品上架

3. 如果卖家因为缺货或者其他买家的个人原因，使交易无法完成，则此时需要协商(　　)。

  A. 提醒买家付款        B. 关闭交易

  C. 协商价格          D. 延迟发货

4. 下面说法中错误的是(　　)。

  A. 若给出好评，则无法修改或删除    B. 若给出中评，可以修改或删除。

  C. 若给出中评，不能修改或删除     D. 若给出差评，可以修改或删除

5. 子账号创建后需要认证，认证不是为了(　　)。

  A. 交易安全          B. 建立店铺员工管理秩序

  C. 确保员工身份可靠性       D. 购买商品

## 二、多项选择题

1. 网店对店铺内部商品分类的作用有(　　)。

  A. 便于买家快速寻找到合适的产品   B. 降低页面跳失率

  C. 有利于快速发货        D. 提升转化率

2. 网店交易管理包括(　　)。

  A. 处理买家待付款        B. 处理退款要求

  C. 评价管理          D. 商品上架

3. 店铺信用积分按照信用度分为(　　)等层级。

  A. 红心     B. 钻      C. 蓝冠      D. 黄冠

4. 店铺动态评分(DSR)包含(　　)等指标。

  A. 商品数量    B. 描述相符    C. 服务态度    D. 物流服务

5. 下面说法中正确的有(　　)。

  A. 子账号未认证系统默认该账号为禁言状态

  B. 店铺内子账号命名不能重复

  C. 子账号不能用来购买商品

  D. 子账号创建后可在千牛等淘系产品客户端登录

## 三、简答题

1. 简述商品上架的步骤和作用。

2. 简述商品分类设置的步骤。

3. 简述符合退款条件卖家处理的步骤。

4. 简述评价卖家关闭交易的步骤。

5. 简述评价买家的步骤。

## 四、案例分析

### 三只松鼠：你为什么学不会？

2020 年三只松鼠营业收入达到 97.94 亿元，位于休闲零食行业前列。三只松鼠发展背后靠的是口碑的裂变——在顾客中通过极致体验建立口碑，并通过社交化媒体建立网络口碑。其核心是推己及人——站在消费者的角度，思考需求。

1. 建立极致口碑

三只松鼠是如何将口碑做到极致的呢？

1）品牌人格化：与消费者零距离

当客户第一次接触三只松鼠这个品牌时，会在第一时间留下难以磨灭的印象，尤其是那三只可爱的松鼠——鼠小贱、鼠小酷、鼠小美。

三只可爱松鼠的"萌"营销只是表层原因。直接赋予了品牌以人格化，以主人和宠物之间的关系，替代了传统的商家和消费者之间的关系，这才是三只松树的本质意义。

客服以松鼠宠物的口吻来与顾客交流，顾客成了主人，客服成了宠物。于是，客服可以撒娇，可以通过独特的语言体系在顾客头脑中形成更加生动的形象。

这样一种聊天方式把整个交易的过程转化为一种互动化的戏剧性的沟通过程。三只松鼠，实际上已经实现了品牌人格化。借助主人文化和三只可爱的松鼠，品牌不再是高高在上，而是亲切、真实，体验感极强。

随后，"三只松鼠"创始人章燎原干脆将品牌人格化写入企业的战略规划。

2）深入人性：售卖流行文化和人文关怀

不过，流行文化具有转瞬即逝的特点。章燎原清醒地意识到，三只松鼠必须有一个经久不衰的定位，并且及时随着时代的潮流而调整其内涵。

如何定位呢？文化具有最持久的生命力，那么三只松鼠代表哪种文化呢？

人为什么爱吃零食，其本质并非为了满足生理需求，而是某种情感需求。章燎原发现，很多客户在购买分享中会提到"我和男朋友吵架了""我看见松鼠了""我出去旅游了"。

客户往往在这些场景之下想到三只松鼠，章燎原认为，三只松鼠之所以会受到人们的喜爱，主要是因为它们能够带来快乐，并且会随时嵌入消费者的生活之中。

在这种理念之下，三只松鼠成立了松鼠萌工场动漫文化公司，他们希望可以创作出互联网动画片、动漫集、儿童图书，为客户带来快乐。

3）在所有细节上超越客户期望

消费者在购物之后，往往会通过社交化媒体，比如微信朋友圈分享自身的购物体验，我们称之为"晒"。

消费者往往会晒比较炫酷的产品，或者分享喜悦，发泄抱怨。而这种情感的分享和传播，会影响朋友圈的购买行为。这是一个巨大的变革，网络口碑将在品牌建设中起到重要的作用。

章燎原得出了松鼠用户体验策略："在每个细节上都要超越用户期望，创造让用户尖叫的服务，才是核心竞争力。"

章燎原发现，消费者购买坚果，肯定需要一个垃圾袋，于是，三只松鼠就在包裹中，放置一个 0.18 元的袋子，虽然这会增加额外的成本，但是消费者会被三只松鼠的细心和体贴关怀所深深感动。这就是极致体验。

连续制造"惊喜"，令消费者感动，三只松鼠将消费者的每一个需求点或者尖叫点串联起来连接成线，最终给消费者以惊喜。

2. 极致体验背后的秘密

1) 角色扮演：真正融入服务情境

三只松鼠通过将客服变成"松鼠"，从而实现了极强的场景感和卷入感。为了让这种服务更加自然，就要让客服深深融入松鼠的这种角色。最终，使得客服接受、习惯、喜欢这种角色。

像其他具有电商血统的企业一样，三只松鼠的员工平均年龄很小，甚至在创立之初，平均年龄只有 23 岁。这些"80 后""90 后"具有创新、娱乐精神。

于是，章燎原，甚至全公司，员工从二楼下一楼，是可以乘坐滑梯的，充分打造了一个"松鼠"的世界。

2) 重视回头客口碑

三只松鼠注重为回头客以及口碑转化顾客提供不一样的体验。一位顾客在三只松鼠一共买了三次产品，包裹外观都不一样。这位顾客大为感慨："三只松鼠简直是太用心了！"从此成了三只松鼠的铁杆粉丝。

3) 洞悉心理：客户想要的是占便宜的感觉

三只松鼠的章燎原显然也深刻洞悉客户的心理，《小松鼠客户壹拾贰》中第三是告诉小松鼠们注意，当主人们去找廉价的商品时，实际上这些商品本身并非是主人最高兴的，最令主人高兴的实际上是占便宜的感觉。因此，在推荐产品的时候必须利用一切理由告诉顾客，此时此刻，你购买这款产品是物超所值的。

客服在和客户沟通的时候，很少强调折扣或者绝对价格的概念，而是更多地强调品牌和品质，以及相对价格的概念。

3. 复制口碑：全方位延伸消费场景

1) 通过打造超级 IP 复制口碑

在互联网时代，超级 IP 的价值受到前所未有的重视。三只松鼠不仅仅卖产品，也制造

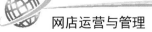
内容，而内容本身也是三只松鼠另一种形式的产品。

"三只松鼠"这个 IP 的最大优势，就是它的多样性，它不仅仅是一个农产品企业、一家互联网企业，还可能是一个文化产业、一家动漫企业。所以三只松鼠本质上是在经营内容和经营舆论。

围绕这个超级 IP，三只松鼠在持续制造内容以及开发周边。比如，三只松鼠在制作一些动漫、动漫剧，与奥非动漫这样的动漫产业实现跨界的融合，来带动"三只松鼠"IP 的不断升级。

值得一提的是，2015 年的"双 11"，三只松鼠推出的广告片找的是好莱坞的后期团队做的动画和 3D 模型。形象本身就很有故事可以讲。

三只松鼠也在侵入动漫产业链的上游，去筹备一些动漫大电影，力推儿童喜欢的一些动漫书籍、插画、绘本，后期都会去涉入。

章燎原发现，三只松鼠的微信后台经常会有很多小孩儿，也许他们拿着父母的手机，会叫"松鼠松鼠你好"，声音特别萌。

这样，三只松鼠的主流消费群就不仅仅局限在年轻的女性白领。

因为三只松鼠这样的 IP，本身有特别的天然的内容属性，所以三只松鼠还是想去把这些东西真正地娱乐化，让它真正能够去影响这一代人，而不仅仅是卖坚果。

某种意义上，卖坚果可能是三只松鼠的副业。

未来优秀的品牌，必须是有故事的品牌。

2) 不断拓展消费场景延伸口碑

为了发现三只松鼠的消费场景，三只松鼠的团队思考，能否针对二次元群体推出一个二次元群体的零食包，在看动漫的时候，应该想起的是吃点零食，应该想起三只松鼠；比如出游的时候，你要想起三只松鼠，你要带上三只松鼠一起去旅游，不然路上饿了怎么办？

通过消费场景的挖掘和设置，三只松鼠在不断拓展自身的消费群体。

4. 你为什么学不会

三只松鼠成名之后，其极致体验成为众多企业学习和临摹的对象，然而，绝大多数企业学到的只是皮毛，原因何在？

1) 三只松鼠同样遵循一万小时定律

章燎原之前在一家叫作詹氏、2010 年销售额为 2 亿元左右的安徽山核桃企业工作过 10年，所以他知道什么产地的产品好，分量足，并且在从坚果收购到入库之间又加入了一道自己的质检环节。

这等于说，在创建三只松鼠之前，章燎原已经在坚果行业浸淫了 10 年。在创立三只松鼠之前，章燎原多年身处营销一线，从营销底层做起，总是与社会各个层次的消费者沟通，对人性有更加深入的了解。搬货、送货、跑市场，他总是第一个来，最后一个走，甘愿做一个大智若愚的傻子。

经过几年的锻炼和沉淀之后，他在 29 岁的时候擢升为詹氏的营销副总经理。

换言之，章燎原经过了一万小时的历练，使得他对坚果业极为熟悉。

2)　内无口碑，外无品牌

在社交化媒体时代，很多企业都在思考如何建立外部口碑。笔者认为，首先要做的就是先把内部员工变成品牌的粉丝，因为这是一个"内无口碑，外无品牌"的时代。所谓内部粉丝裂变就是让你三只松鼠的口碑裂变，并非肇始于消费者，而是从内部开始的，"内无粉丝，外无品牌"就是先让员工成为你的公司、你的企业创始人的粉丝。

建立内部口碑才能做好服务，服务的质量来自消费者的感知，是无形的，但对企业而言，要提升服务质量，就必须将这种无形化为有形。传统企业客服是标准化的，不能个性化，且不能与企业直接沟通。这个时候，服务没有放之四海的标准。纵然再好的服务技巧，也难以比得过"用心"两个字。当松鼠们用心的时候，顾客一定感知得到。这种感受得到的体验，才是最真挚、最能打动顾客的心的。

如果说服务技巧，只是术的层面。一切以主人为中心的意识，才是最真挚、最能打动顾客的心的。

支撑三只松鼠独一无二的客户体验的背后，实际上是三只松鼠上下都认同的企业文化。

内部口碑的源泉——三只松鼠的企业文化，正如卡布雷拉·博纳赫所说："一个企业的文化始于它的创建者的价值取向，同时也受到社会经济学的组织环境与制度上的调整。组织文化通过组织特有的故事、仪式、物质象征和语言进行维持和传播。"

一个企业在发展壮大的过程中，总会经历许许多多的事件。这些历史事件常常被作为企业神话、英雄传说之类流传下来。这些故事中深深隐含着组织的核心价值观，并传达着组织创造者、接任者个人理念对整个组织的影响。

(资料来源：赵晓萌.三只松鼠：你为什么学不会? [J/OL]. (2017-03-16)[2023-09-25]. https://www.cmmo.cn/article-204769-1.html)

**思考题：**

(1)　请问"三只松鼠"成功的背后有哪些原因?

(2)　许多企业为什么只学到"三只松鼠"的皮毛?

# 项 目 实 训

## 网店管理操作

**实训目的**

(1)　掌握网店商品管理、交易管理的操作步骤；培养解决实际网店日常管理问题的能力。

(2) 掌握网店日常管理的内容；提高实际工作能力和专业技能。

### 实训内容

(1) 确定实训主题。

(2) 上、下架商品。

(3) 修改商品信息。

(4) 商品分类操作。

(5) 实训结束后，以小组为单位完成对实训的总结。

### 实训要求

| 训练项目 | 训练要求 | 备　注 |
|---|---|---|
| 步骤一：确定实训主题 | (1) 组建网店管理小组。<br>(2) 了解网店各岗位的职责 | 网店各岗位的职责 |
| 步骤二：商品上、下架 | (1) 了解商品上、下架的意义。<br>(2) 熟悉上、下架的操作步骤 | 掌握上、下架技巧 |
| 步骤三：商品信息修改 | 熟悉商品信息修改步骤 | 掌握商品信息修改技巧 |
| 步骤四：商品分类设置操作 | (1) 了解商品分类基本知识。<br>(2) 掌握商品分类设置的操作步骤 | 掌握商品分类设置操作技巧 |

# 课 程 思 政

网店日常管理需要掌握平台规则，培养诚信经营意识，树立正确的人生观、价值观。在网店日常经营管理的操作中，需要细致、耐心、与其他部门的配合，树立团队意识，培养精益求精的工匠精神和对社会和对企业认真负责的职业态度。

# 第5章 网店推广

## 【知识目标】

- 了解网店推广的概念。
- 掌握站内促销工具的操作方法。
- 掌握站外推广方法。

## 【技能目标】

- 提高网店推广工具操作能力。
- 培养网店推广整体规划能力。

## 【引导案例】

### "轩妈"蛋黄酥一年卖出 7000 万颗的故事

从 2016 年 6000 万元的销售额，到 2017 年过 1 亿元，2018 年 2 亿元，再到 2020 年的 4 亿元，"轩妈"蛋黄酥几年的增长，使其一跃成为网红爆款零食，堪称一个细分品类销售奇迹。

从市场环境来看，国潮兴起，中式糕点迎来了结构性增长，消费者对于烘焙的需求持续涌动，促进了诸如蛋黄酥等烘焙产品的发展。

1. 从细分品类打造出"冠军"

蛋黄酥作为国内传统的烘焙小吃、中式糕点，在各类面包坊、蛋糕店甚至商超中已经流行许久，淘宝、拼多多上也有很多卖家打出"私房蛋黄酥"的概念。然而与其他种类的烘焙食品相比，蛋黄酥市场过于分散，集中度低，消费者选购也比较盲目。

轩妈敏锐地洞察到了市场的机会，选择蛋黄酥这条尚在初育期的细分市场，把握消费者的需求，实现创新。

从产品上来看，轩妈主要做了以下几个层面的"突破"，改变了消费者对蛋黄酥"干硬、掉渣"的印象。

一是从源头把控，对作为产品核心的蛋黄，实行"先打碎，再统一重塑"的步骤，以保证品质的一致。二是用黄油替代了原来的猪油，其锁水性更好，也能够让产品更健康，口感也更佳。三是坚持纯手工制作，蛋黄酥中创新性加入了日式糕点中的"雪魅娘"，进一步提升食用口感。四是坚持现做现发的策略，承诺"当天下单，当天发货，不仓储"，保证产品新鲜，让消费者快速尝到新鲜的蛋黄酥，同时在保证口感和健康的前提下，通过独有技术将蛋黄酥的保质期延长至 20 天，使其更适宜互联网产品的全国销售。

通过改变、提升原材料和口感，轩妈令蛋黄酥成为烘焙市场中极为亮眼的休闲零食。

2. 产品和IP联手，从"萌文化"切入打造爆款

数据显示，我国休闲零食市场在2020年已突破3万亿元，而零食市场的消费者以年轻群体为主，这意味着只要赢得了年轻人，就能把握住庞大的市场机遇。

在激烈的市场竞争中，作为互联网商品，若是没有一个记忆点就难以强化大众认知。创造浪漫式、高颜值的原创形象便是新品牌赢得Z世代群体的必备法宝。

近年来，愈来愈多的知名食品、饮料品牌都开始构建自己的二次元IP形象。从三只松鼠标志性的鼠小贼，到安慕希的安比丽沃爆、伊利优酸乳的小优，再到统一的小茗同学，人格化的萌趣营销正在成为商家的必备武器，以IP为主轴、通过社交媒体用符合时下互联网环境的语境，与年轻一代消费者进行沟通的"萌文化"，已成为打造爆款单品的催熟剂。

轩妈也不甘落后，2019年6月，轩妈开始创建二次元形象的IP小酥酥，并在抖音开建"加油！蛋黄酥"账号，进行原创动画的传输构建。

"加油！蛋黄酥"账号创立的目的是输出文化、输出快乐，结合Z世代年轻人的语言风格，通过一系列短视频记录这颗蛋黄酥的系列微妙变化：从蛋黄酥车间的生产线故事，到骑车、睡觉、点外卖、打工等日常生活经历，"加油！蛋黄酥"的视频主题花样百出，多方位、生动地为观众刻画小酥酥的独特可爱形象。

去年中秋节，轩妈在抖音上发布了一支"一只66鸭的使命"的"萌文化"动画视频：这只离家出走的"66鸭"踏上长征之旅，一路上奇遇频频，而历经千山万水，却只为了登上鸭蛋的最高殿堂"轩妈蛋黄酥工厂"，助力它的宝宝"C位出道"。整个视频凭借着趣味性以及脑洞大开的创意博得了Z世代年轻群体的大赞。

其后轩妈又联合《魔道祖师》推出4款角色的蛋黄酥，创建个性化IP视觉，成功让轩妈蛋黄酥海量圈粉并迅速出圈。相关的话题也让轩妈蛋黄酥的口碑一次次裂变，不断爆红。如今，轩妈家的"加油！蛋黄酥"账号已坐拥330多万粉丝，收获高达1800多万的点赞量。

3. KOL、KOC直播带货

近几年来，短视频、直播以及种草等新模式兴起。基于消费者的不同触媒习惯，去年中秋、国庆开始，轩妈蛋黄酥就加大在以小红书、微博、哔哩哔哩为代表的社交平台的布局，通过与KOL、KOC进行合作，展开对产品的体验、解读、售卖，包括礼盒开箱视频、礼盒美物种草等，并及时搭上了抖音和淘宝直播的列车，和KOL、KOC一起做直播带货，成为全民网红糕点。

数据显示，轩妈蛋黄酥在明星、主播的直播间投放频次非常高，除了头部主播李佳琦，在汪涵、李湘、胡可等明星以及雪梨、陈洁等达人主播的直播间也常见轩妈蛋黄酥的身影。轩妈食品店铺直播间连续直播140小时，创下从未有过的纪录。可以说，轩妈蛋黄酥在直播上是非常下功夫的。

总而言之，KOL、KOC 持续为轩妈蛋黄酥输出声量，源源不断助推产品，触达更广范围的潜在目标消费人群，由此实现口碑和销量的双丰收。

4. 不断完善品牌全渠道营销

作为一家"互联网食品"公司，轩妈蛋黄酥对站内进行精细化高效运营的同时全面布局全渠道营销，加强对站外如小红书、抖音、微博、微信、哔哩哔哩等社交种草媒体的精准投放、管理和优化，目前轩妈蛋黄酥在小红书平台的笔记数量多达三万多篇；抖音"加油，蛋黄酥"的粉丝数量则高达 300 多万+；站内轩妈食品旗舰店，也拥有粉丝 130 多万。

为了解决烘焙糕点"保质期短"的问题，轩妈自行开发了独立的订单管理平台和线上分销平台，凭着智能化的数据库、敏捷的物流，实现"当天订单，当天生产，不仓储"的模式，保证产品平均交付时间在 36 小时内。通过"线上下单线下配送、线上引流线下体验"的模式助力门店运营，通过 30 分钟快送解决当地消费者购买的最后一公里问题。

数据显示，轩妈的线上渠道占比可达 70%，而 2015 年成立初期，轩妈只靠朋友圈分享积攒口碑，借助微商模式逐步打开市场，到后来轩妈选择在传统媒体分众传媒播出广告，强化品牌的售卖。

2018 年以后轩妈开始加强社交媒体的投放，无论是常规的小红书、双微等社交媒体，还是淘宝、京东、每日一淘等电商平台，抑或直播、短视频卖货等快速聚合流量的方式，都为轩妈带来了可观的利润。

除了线上渠道，轩妈在线下与盒马、山姆会员店、家乐福、美宜佳、全家进行合作，借助全国上万家连锁店进行线下市场的布局，成为一种在便利店、生鲜店和超市就可买到的解馋零食。此外，轩妈蛋黄酥打破传统概念，与百威、乐乐茶等多个品牌，推出了联名礼盒、微醺蛋黄酥等产品，他们互助互推，使"蛋黄酥"元素衍生出了更多的能量。仅用一枚小小的蛋黄酥，便创造了口碑和营销双丰收的品牌，轩妈蛋黄酥是唯一一家。

(资料来源：吴勇毅. 裂变式增长：让轩妈蛋黄酥一年卖出 7000 万颗[J/OL]. (2021-04-21)[2023-09-25].https://www.cmmo.cn/article-220443-1.html)

**案例分析：**

轩妈蛋黄酥为什么能够实现增长？

【知识要点】

# 5.1　网店推广概述

## 1. 网店推广的概念

网店推广是指运用一定媒介有计划进行的网店传播广告活动，争取访客，客户上门后

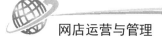

利用有效的促销宣传手段促使交易成功。内容的常见形式是文字、图片、视频、音频，做推广其实就是做出能吸引到用户的内容。但是做出优秀的内容并不容易。产品有不同的类型，即使是同类型的产品，面对的用户群体不同，用户需求不同，做出的内容也应不同。

### 2. 网店推广的作用

在整个店铺经营环节中，推广至关重要。推广的目的是让更多目标人群看到网店的商品或服务，从而产生购买行为。有网络推广，店铺才能活起来，商品才能卖出去，才有后续的发货、优化、进货等，才有发展。

第三方购物平台后台均会提供浏览量、点击量等店铺运营指标，供卖家参考使用，以便进行店铺运营和推广。

### 3. 网络推广的特点

与传统线下宣传推广相比，网络推广有其自身的特点。

(1) 交互性强。网络推广中消费者可以对自己感兴趣的商品或信息进行单击，从而获得更多的详细内容。用户可以通过填写推广内容里的表单，让商家获得用户反馈信息。用户也可以通过在线工具与商家进行双向沟通，这样商家更容易了解客户需求。

(2) 跨越时空。互联网具有跨越时间与空间进行信息传递的特点，企业可以进行 24 小时不间断的宣传，同时进行不同地域的宣传，传播范围广，将推广效果扩大化。

(3) 速度快、变化灵活。网络推广制作周期短，即使在较短的周期内进行投放，也可以根据客户的需求很快完成制作，并可以根据推广反馈情况随时调整广告投放形式、时间、地域、人群，而传统广告制作成本高，投放周期固定。

### 4. 网店推广的种类

网店推广按照不同的标准可分为不同的种类。

1) 按照推广范围

(1) 站内推广。站内推广是专门针对网站平台用户进行的推广。以淘宝网为例，淘宝站内推广方式有直通车、超级钻展、极速推、超级推荐、淘宝客、淘宝直播、订阅、聚划算活动、淘金币活动、官方大促、行业活动等，淘宝店铺商家可以通过使用直通车、参加淘宝官方活动等多种推广方式，吸引进入淘宝网站的购买者浏览自己店铺的商品，进而产生购买冲动。如何吸引进入网站平台的用户浏览、单击、收藏，这些都是对内推广的重点。

(2) 站外推广。站外推广就是指针对平台站外潜在用户的推广。主要是通过一系列手段针对潜在用户进行营销推广，以达到增加网站或店铺浏览量、点击量、会员数或销售额的目的。站外推广有搜索引擎竞价排名、网站广告位、微博、论坛等。

2) 按照推广费用

(1) 付费推广。付费推广就是需要花钱才能进行的推广。例如，淘宝站内付费推广方式有直通车、超级钻展、极速推、超级推荐等，站外有百度搜索竞价排名、网站付费广告位等。

(2) 免费推广。这里说的免费推广是指在不用额外付费的情况下就能进行的推广。这样的方法有很多，如论坛推广、资源互换、软文推广、邮件群发、论坛、微博等。第三方电子商务平台也会提供一些免费方式，如淘宝网自然搜索排名、订阅、行业活动等。随着竞争的加剧、成本的提高，商家多少会采用一些免费推广方式。

# 5.2 淘宝 SEO

## 1. 淘宝 SEO 的定义

淘宝网首页最上方有一个搜索框，买家购物时，会在这个搜索框中输入想要寻找的产品关键词，然后单击"搜索"按钮，就会产生搜索结果页。搜索结果页除少量直通车广告位外，其他商品展示是按照自然搜索排名依次排列的，如图 5-1 所示。

图 5-1 PC 端搜索结果页

淘宝 SEO 即淘宝搜索引擎优化，是通过优化店铺宝贝标题、类目、上下架时间等各种属性使产品能够在淘宝搜索引擎产生的结果页中获取较好的展示效果。

SEO 是常见的一种网络营销方式，在国外已经发展出非常正规成熟的搜索引擎优化服务。淘宝 SEO 是 SEO 的一个分支，除此之外，谷歌、百度等搜索引擎巨头也是 SEO 的主要研究和应用对象。

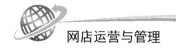

## 2. 影响自然搜索排序的因素

影响自然搜索排序的因素有很多，大致包括以下几个方面：标题、浏览量、收藏量、交易成功笔数、转化率、DSR 评分、下架时间、好评率、纠纷退款率、完整性(属性、主图、详情页)、消保、在线时间、咨询响应速度、发货速度、支付宝使用率、回头客、直通车、违规等。

店铺需要对这些因素进行优化，以提高本店宝贝的搜索排名。

## 3. 宝贝标题优化

卖家标题关键词与买家输入搜索框的关键词一致就有展现的机会，所以标题是搜索排名的必要前提条件，没有标题里面的文字，宝贝不可能被搜索系统检索到。因此，我们应首先进行宝贝标题的优化。淘宝的宝贝标题不能超过 30 个汉字，因此标题中的每一个关键词都很重要。

1) 关键词的种类

淘宝宝贝的标题由多个关键字组合而成。宝贝标题包括的词有以下种类：类目词、属性词、品牌词等。

类目词是指商品本质范围的词，例如男装、化妆品、茶叶、手机等。类目可分为一级类目与二级类目，例如男装为一级类目，而男装类别下又可以分为衬衫、风衣、夹克等多个二级类目。类目词一般是标题的核心关键词。登录淘宝网以后，选择"卖家中心"→"发布宝贝"命令，在发布新宝贝时就会有类目显示，如图 5-2 所示。

图 5-2  发布宝贝页面的类目

属性词是指描述商品属性的词。例如，在衬衫类目下，又可以分为长袖和短袖、修身和休闲等。在发布宝贝时，选择好宝贝类目后就需要选择属性，在"类目属性"设置区即可设置属性词，如图 5-3 所示。

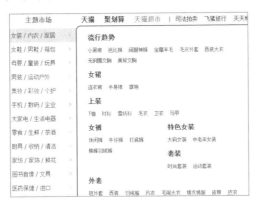

图 5-3　发布宝贝页面的属性

品牌词是指商品品牌的名称或简称，如格力、小米、华为等。

流行词、准热词，即在某段时间搜索次数多的词汇。如 2021 新款。

长尾词是指针对特定需求、搜索量少且不稳定的词，一般为组合关键词。例如百搭宽松短裙等。

商品标题就是由类目词、属性词、流行词、长尾词等关键词排列组合，增删而来。

2)　收集关键词

(1)　通过类目查找。将发布宝贝时所选择的类目提取为类目词。此外，为了方便买家查找所需商品，淘宝在首页左侧也列举了非常详细的类目列表，而在该类目列表中，有些词语可以作为主要关键词，如图 5-4 所示。

图 5-4　淘宝首页类目列表

(2) 通过淘宝搜索框下拉列表查找。在首页的搜索文本框中输入主要关键词后，在打开的下拉列表中将显示系统根据客户的搜索频率推荐的词，这些关键词的搜索频率较高，是商品标题必备的关键词。如图 5-5 所示。

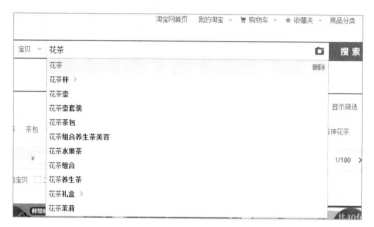

图 5-5 淘宝搜索框下拉列表

(3) 在淘宝搜索结果页中查找。在淘宝搜索结果页面中，卖家也可以关注一下品牌词和属性词。以"连衣裙"为例，在淘宝首页搜索连衣裙之后，在打开的搜索页面上方的"品牌""款式""尺码"栏中即可显示连衣裙的品牌词和属性词，如图 5-6 所示。

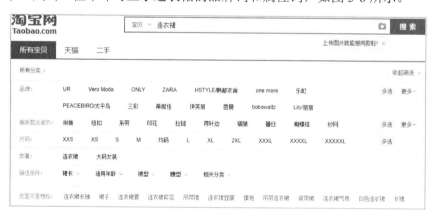

图 5-6 淘宝搜索页的属性

(4) 在生意参谋等数据分析软件工具中查找。在生意参谋中有"选词助手"、市场模块的"搜索排行"可以查询到与商品相关的关键词及其指标，可作为选词的参考依据之一。其他的软件模块也具备一定的查找关键词功能，如淘宝指数等。

3) 组合关键词

淘宝宝贝的标题基本是由多个关键词组合而成，而组合标题的前提是建立关键词词库。一个好的词库可以帮助淘宝卖家更好地选择核心关键词、次要关键词、品牌词、高转化率的长尾关键词等。

要想建立词库，首先应该寻找词语。通过前面介绍的通过淘宝类目、淘宝搜索页、软件查找功能等查找关键词的方法，搜集到相关的关键词后，将其整理成 Excel 表格，再进行筛选。

首先按照热度由高到低选出总字数在 50 字左右的词。去掉淘宝网规则不允许使用的词，如"治疗""第一"等。去掉前后紧密相连并重复的词。搜索次数高的热词应放在前面，搜索次数最低的放在后面，然后根据可读性进行微调，最终保留 30 个字作为优化后的标题。

标题不要使用关键词堆砌。主图不能频繁更换，否则容易被系统判定为更换宝贝，导致店铺降权。

### 4. 商品详情页优化

(1) 宝贝属性优化。卖家在第三方电商平台发布宝贝时，需要按照类目进行不同属性的选择，所有属性最好填满并正确，否则在搜索时会影响搜索的排名。属性不全的宝贝会被系统认为不精确，自然搜索的时候会减少权重。

(2) 宝贝主图优化。淘宝的宝贝主图最多有 5 张，另外还可以有一张主图视频。买家在首页搜索产品关键词时，淘宝网会优先展示有主图视频且 5 张主图全部完整的宝贝。

主图的 5 张图要全部上传，不要留空，主图视频也要上传。主图完整且有主图视频的宝贝会被加权。因为系统只能识别"有"和"没有"，而不会识别图片的"好"与"不好"，所以主图与主图视频的上传原则为先上传，然后根据反馈再替换不好的主图。

在搜索结果页面中，买家看到的宝贝信息包括 5 张宝贝主图中的第 1 张、价格、标题和店铺名称。除此之外，有些宝贝信息的最下方还有一些特定的标志，如"金牌卖家""公益宝贝""当季新品"等标志，如图 5-7 所示。

图 5-7　搜索结果页显示打标的第 1 张主图

增加系统打标，可以增加买家对店铺的信任度，进而让买家优先选择当前店铺。

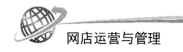

# 5.3  订 阅 推 广

### 1. 什么是订阅

"订阅"由"微淘"升级而来。其入口由手淘底部升级至手淘顶部导航，如图 5-8 所示。

图 5-8  手淘"订阅"频道

"订阅"模块是商家在淘宝进行关系运营的模块，主要用来增强粉丝触达能力，卖家通过"订阅"可以发布上新宝贝、图文评测、优惠券、粉丝互动等。如果买家在 PC 端或者无线端收藏或关注了店铺，则成为该"订阅"账号的粉丝。除此之外，在"订阅"中也可直接关注和取消关注店铺账号。

主动发"订阅"的内容被"订阅"采纳后会进入到"订阅"推荐，并推荐给潜在的对该内容、商品、店铺活动等感兴趣的用户。

### 2. 订阅发布

"订阅"是主要针对移动端用户的推广方式，其内容发布由千牛工作台来实现。千牛工作台后，"内容运营中心""发订阅"。"订阅"除了发布功能外，还有"全部作品""数据概览""效果分析"等栏目,可以作为日常"订阅"作品管理、分析的途径,如图 5-9 所示。

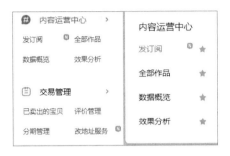

图 5-9 "订阅"入口

进入"订阅"模块后,根据发布内容的不同,选择相应的发布工具,单击"发布"按钮,即可输入内容、选择图片,编辑完成后直接发布即可,如图 5-10 所示。

图 5-10 "订阅"发布工具

# 5.4 活动及促销工具

为了帮助商家更好地提升流量,烘托活动氛围,第三方电子商务平台会推出多种促销活动和促销工具。

## 5.4.1 优惠券

优惠券是一种虚拟的电子券,卖家可以在不用充值现金的前提下针对新客户或者不同等级会员发放不同面额的优惠券,实现当订单满足一定金额时进行一定优惠的功能。

优惠券的功能主要在于:①通过店铺宝、满就送、客户运营平台维护老客户,并通过

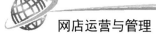

创建优惠券买家领取功能主动发掘新客户；②通过设置优惠金额和使用门槛，刺激转化，提高客单价。优惠券的设置步骤如下。

**[Step1]**　首先需要先订购优惠券，首次订购可以进入服务市场，搜索"单品宝"，然后单击"立即订购"按钮。也可以通过店铺营销工具中的优惠券入口进入服务市场优惠券购买页面购买。

**[Step2]**　成功订购官方优惠券后，进入"卖家中心"→"营销中心"→"店铺营销工具"→"优惠券"页面，如图 5-11 所示。

图 5-11　优惠券入口

**[Step3]**　选择"店铺优惠券"/"商品优惠券"进行创建，如图 5-12 所示。

图 5-12　选择优惠券类型

商品优惠券，是针对店铺特定的部分商品可以使用的优惠券，若消费者拿到的多张商品优惠券所圈定的是不同的商品，那么是可以同时使用的。

店铺优惠券是指店铺中所有商品都可以使用的优惠券，故一次下单只能使用一张，系统会默认使用优惠力度最大的那一张。

**[Step4]**　选择推广渠道。目前有三种渠道：全网自动推广、官方渠道推广、自有渠道推广，如图 5-13 所示。

图 5-13　优惠券推广渠道选择

全网自动推广类型的店铺优惠券会在宝贝详情页、购物车页面展示。

**注意：**目前商品优惠券，仅支持在无线商品详情页展示，若存在多张商品优惠券(3 张以上)，就会优先展示优惠力度较高的券。购物车优惠券需要选择"全网自动推广"。

**[Step5]**　填写优惠券基本信息及面额，如图 5-14 所示。

图 5-14　设置优惠券的基本信息及面额

优惠券名称不能使用特殊符号，如()、#、¥等，建议将优惠券名称修改为纯文字的形式。

**[Step6]**　以上信息填写完毕之后，单击左下角的"确认创建"按钮，即可完成创建。

## 5.4.2　单品宝

单品宝是限时打折与特价宝合并后的升级版本，是单品营销工具。

单品宝活动创建步骤如下。

通过进入卖家中心页面，单击营销中心页面，进入店铺营销工具页面，单击单品宝入口图标。

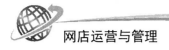
**[Step1]** 进入单品宝页面，单击"创建新活动"按钮，如图 5-15 所示。

图 5-15　创建新活动

**[Step2]** 在打开的页面中填写活动基本信息，如图 5-16 所示。

图 5-16　填写活动信息

**[Step3]** 选择活动商品，如图 5-17 所示。

单击右侧的"下载模板"按钮，根据模板要求填写内容，不要更改表格格式，填写完后单击"批量上传"按钮即可。

**[Step4]** 在打开的页面中设置商品优惠方式(折扣、减钱、促销价)，单击"保存"按钮，如图 5-18 所示。

使用单品宝设置的折扣力度不得低于店铺最低折扣，单品宝目前折扣价的设置范围为：0.01～9.99 折，即最低 0.01 折，最高 9.99 折。

图 5-17　选择活动商品

图 5-18　设置优惠方式

## 5.4.3　店铺宝

店铺宝可对全店商品及自选商品进行促销活动，能提供多层级的优惠级别、优惠内容，活动可随时暂停与重启，还可对满件打折、满元减现、包邮、送赠品、送权益、送优惠券

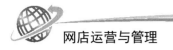

等进行促销活动，设置后优惠信息默认在 PC 端和无线端宝贝详情页展示。

店铺宝是店铺级营销工具，会与单品级(如单品宝)、卡券(优惠券、红包、淘金币等)叠加使用。

# 5.5 站外推广

除了在第三方电商平台上推广外，还可以进行站外推广，站外渠道包括社交媒体、网络社区、自媒体等互联网渠道。比如论坛、微博、微信等都是常见的站外平台。

## 5.5.1 短视频

### 1. 短视频营销概述

2018 年短视频迎来爆发式增长，抖音、快手、淘宝、京东、闲鱼、拼多多、小红书等平台均已进入短视频营销领域。基于短视频的营销玩法也在不断地丰富，并逐渐走向成熟。现在短视频不仅成为大众娱乐的重要方式，也成为品牌营销的重要途径。

短视频营销是内容营销的一种，短视频营销主要借助短视频，通过选择目标受众人群，并向他们传播有价值的内容，吸引用户了解企业的产品和服务，最终达成交易。短视频内容表达、呈现方式更加丰富多元，互动性更强。做短视频营销，最重要的就是找到目标受众人群和创造有价值的内容。

### 2. 短视频营销方法

一般来讲，可以通过了解短视频平台玩法、清晰定位、创意内容、打造 IP 的流程来吸引消费者，通过广告等方式进行推广。

各大短视频平台都在快速增长，平台定位也在不断转变。相比较之下，抖音更加娱乐化，快手内容生活化、消遣化，哔哩哔哩受二次元、Z 世代等年轻群体喜爱。短视频行业目前依旧在不断发生变化，众多平台也开始短视频领域，如微信的视频号，宣传者不仅要熟悉过去的推广方式，还要时刻关注新的短视频营销。

## 5.5.2 微博

### 1. 微博营销概述

微博是一个网络交流工具，可以随时更新、与人聊天以及发布信息动态，以达到交流、分享的目的。微博具有开放性、话题传播快、覆盖面广、互动性强的特点，因此极具社交属性。微博粉丝质量高，是一种很重要的沉淀粉丝和推广的渠道。

微博营销是指利用微博平台进行宣传的一种营销方式。营销者只需注册账号通过审核即可随时随地发布产品或服务信息，进行产品宣传、品牌推广、活动策划等一系列活动，从而实现挖掘潜在客户，促进交易达成，树立企业或产品品牌形象的目的。

**2. 微博营销方法**

微博营销可以通过内容和活动进行。

内容营销通过图片、文字、互动等进行。热度越高的微博内容，越容易引起其他用户的关注甚至转发。可根据微博定位，发布原创微博，以有趣、实用、情感等内容，吸引用户的注意，扩大微博的影响力，打造个人或产品品牌。

活动营销可以通过抽奖、发起活动、比赛等形式进行。

## 5.5.3　今日头条

今日头条是一个资讯类平台，它基于个性化推荐引擎技术，根据每个用户的兴趣、位置等多个维度进行个性化推荐，推荐内容包括新闻、音乐、电影、游戏、购物等资讯。今日头条具有流量大、推荐精准的特点，作为自媒体平台，今日头条需要创作优良的内容来吸引用户。

## 5.5.4　微信

微信是一款即时沟通工具，其拥有庞大的用户基数。随着公众平台、小程序等功能的完善，微信已经成为商家进行推广的重要阵地，是沉淀粉丝的重要工具之一。微信营销要创造价值、分享价值、创造信任的人际关系。微信营销可以利用微信本身的功能推广，如朋友圈、微信群等；还可利用公众号进行推广。

# 扩 展 阅 读

### 本土美妆品牌如何探寻突围之路

随着"颜值经济"的日益升温，全球美妆赛道越发红火——过去的十几年里，无论经济形势如何变幻，全球化妆品市场始终保持稳步增长的势头，越来越多的消费者积极通过社交平台分享、交流美妆体验。以 Twitter 平台为例，2020 年，Twitter 上与美妆护肤相关的推文量达到 4.6 亿之多，即使遭受疫情冲击，"彩妆"相关的话题讨论量占比仍接近 60%。

与此同时，乘电商爆发与消费升级之势，国产美妆护肤品牌也在国内和海外强势崛起。不仅有花西子、完美日记等"黑马"登场，以百雀羚、润百颜、自然堂等为代表的经典国货也正经历换新升级，并开始在海外市场显露锋芒。其中，2020年3月花西子首次入驻日本亚马逊，上线首日便跃居销售小时榜前三，产品也很快被一抢而空。此外，Focallure 菲鹿儿、ukiss 悠珂思等新锐国妆品牌们，也曾在日本掀起过"中国妆"热潮。

不仅如此，天猫海外数据显示，2020年11月1—3日期间，国货美妆产品成交增长超10倍，一举成为2020年平台最受欢迎的品类。随着国货美妆开始赢得海外市场的青睐，有意拓展全球版图的国妆品牌也不断增多。为此，Twitter 推出《全球美妆消费洞察报告》，通过深入分析用户对话和推文样本，全方位还原海外用户在"爱美"路上的心智画像、内容需求，以期帮助国产美妆企业突围"蓝海"。

1. 生代成消费担当，网红博主(KOL)成为流量入口

2020年 Twitter 平台美妆话题的讨论数据有意料之中也有惊喜之处。性别上，男士美妆正在走向大众化，越来越多的男性消费者加入了美妆话题的讨论，占到对话总量的47%。从年龄来看，Z世代和千禧一代对美妆护肤类产品最为关注，其中，34岁以下的用户参与度达52%，18岁以下的用户占比高达34%。对于出海美妆品牌，吸引年轻一代的关注并进行消费转化将成为撬动品牌长期增长的核心。

对美妆消费群体而言，网红博主(KOL)的号召力不可忽视。Global Web Index 数据显示，在16~24岁的 Twitter 用户中，63%的用户会参与 KOL 互动(如表达个人感受，以图片/视频方式分享试用体验等)；即使是对于消费心态更为成熟的 X 世代，也有37%的用户表示乐于与 KOL 互动。

2. 更多元，更细分，"植萃""天然"等词汇成为热门

2020年疫情"黑天鹅"突袭，也使得美妆消费者的心态悄然改变。例如，由疫情引发对回归自然、简单生活的思考，使得自然、"少即是多"的美妆风格迎来发芽；同时，这场重大突发事件，也进一步唤醒了人们对消费背后的社会关怀的思考，"天然""纯素""环境友好"等因素开始被更多海外消费者纳入美妆购买决策的重要指标。

仅在2020年上半年，Twitter 上搜索最多的前十大"自然美妆"(Natural Beauty)话题中，就有6个与"天然(Natural)"相关；越来越多的海外用户将"更清洁"(43%)和"环保"(32%)作为美妆品购买决策的考量因素。

3. 线上市场增量显著，"先试后买"诉求强烈

由于美妆品类的独特属性，消费者对于购买前的亲身体验诉求强烈(45%)。因此，对于电商型美妆品牌而言，提供无忧退换(20%)和线上专属优惠(20%)等政策，或通过赠送试用装(36%)的促销手段，打造线下实体类似的服务，这将有助于弥补线上"体验"缺失的弊端，

增强消费者对网购的信心，从而促进更多购买转化。

4. 锁定目标客群主阵地，以精细化内容树立品牌认知

汇集了全球当下发生的新鲜事的 Twitter 在实时传播速度与影响力上优势显著：用户怀揣探索、开放的心态，通过 Twitter 了解时下最新、最酷的信息。其中，88%的 Twitter 用户希望了解美妆个护产品/品牌资讯，56%的 Twitter 用户乐于与家人/朋友分享最新美妆产品信息。

同时，Twitter 上丰富的话题标签(#)可以将平台上海量的推文进行分类，为品牌提供高效发掘用户兴趣点、嫁接品牌素材的切口。广告主只需通过追踪某个话题标签，就能捕捉海外用户的兴趣点，并结合品牌内容激发讨论与关注。

5. 借力个性化网红"种草"，助推品牌深入目标受众

由于美妆消费者社交需求的逐步提升，网红"种草"已成为撬开用户心智的制胜法宝。若能充分发挥网红的创作力及粉丝的号召力，将极大帮助用户了解产品，并提升购买意愿。Twitter ArtHouse 提供了从网红资源整合、创意策划、内容剪辑到直播服务的一站式内容营销服务，可以将品牌与全球超过 5 万个领先的内容创造者进行对接，通过定制化的营销服务，不仅能够在短时间内帮助品牌提升购买转化，更能在长期内，以优质内容渗透抢占消费者心智。据 Twitter 的数据，相比品牌直接发布的广告，Twitter 用户在网红原创广告上花费的时间会多出 24%，购买意向提升 41%。

6. 玩转新型营销方式，打造直观生动的线上体验

当体验型消费成为重要诉求，出海企业更应顺势而为，拥抱视频、直播等线上平台新型营销方式，制造更多触点，实现用户互动。例如，在疫情导致线下走秀受限时，SHEIN 就选择借助 Twitter 独有的主题推文串(Thread)产品，将斋月 LookBook 发布"搬"到线上，为观众带来了一场沉浸式的线上看秀体验。同时，在推文中增加的订购链接，为用户提供了在观看视频的同时一键下单的体验，从而帮助 SHEIN 完美打造"吸引关注—促进互动—购买转化"的推广—促销闭环。这也启发出海美妆企业，可以试水创新营销手法，以"小而美"的营销创意，借助"虚拟"平台与"真实"用户互动，助推消费者完成从 0 到 1 的转化。

(资料来源：赵艳丽. 出海进行时，本土美妆品牌如何探寻突围之路[J/OL]. (2021-04-15)[2023-09-25].
https://www.cmmo.cn/article-220403-1.html)

**案例分析：**
国货美妆品牌如何探寻海外突围之路？

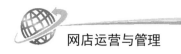

# 同 步 测 试

## 一、单项选择题

1. 网店推广的本质是(　　)。

　　A. 成交　　　　　B. 引流　　　　　C. 发货　　　　　D. 打造品牌

2. 直通车推广是(　　)的付费方式。

　　A. 按展现计费　　B. 按成交计费　　C. 按单击计费　　　D. 按时间计费

3. 以下宝贝标题内容合理的是(　　)。

　　A. 夏季大码男士短袖 T 恤潮流夏装印花圆领纯棉半袖

　　B. 媲美范思哲大码宽松高端保罗 POLO 衫上衣男夏季商务

　　C. 最佳圆领 V 领一字领短袖 T 恤

　　D. 2021 新款→纯棉男士短袖潮流翻领 T 恤

4. 下面关于优惠券的说法错误的是(　　)。

　　A. 优惠券名称不能使用特殊符号

　　B. 目前商品优惠券仅支持在无线商品详情页展示

　　C. "全网自动推广"及"自有渠道推广"不支持设置无门槛优惠券

　　D. 店铺优惠券一次下单可以使用多张

5. 今日头条主要是一个(　　)。

　　A. 资讯平台　　B. 电子商务平台　　C. 社交平台　　D. 娱乐平台

## 二、多项选择题

1. 网店流量来源有(　　)。

　　A. 平台推广工具流量　　　　　　　　B. 自主搜索流量

　　C. 活动流量　　　　　　　　　　　　D. 站外流量

2. 影响淘宝商品自然搜索排名的因素有(　　)等。

　　A. 标题设置　　B. DSR 评分　　　C. 浏览量　　D. 转化率

3. 下面各项中属于付费流量的是(　　)。

　　A. 钻石展位　　B. 超级推荐　　　C. 手淘搜索　　D. 淘宝客

4. 某个宝贝用直通车推广使用一个关键词"低帮帆布鞋",匹配方式是"广泛",那么消费者用(　　)搜索的时候,有可能会搜到这个宝贝。

　　A. "男低帮帆布鞋"　　　　　　　　　B. "白色帆布鞋"

C. "低帮帆布鞋"         D. "夏季帆布鞋"

5. 淘宝活动营销中心的活动有( )。

    A. 聚划算         B. 淘抢购         C. 官方大促         D. 行业活动

## 三、简答题

1. 简述网店推广的作用。

2. 简述影响自然搜索排序的因素。

3. 简述用直通车推广宝贝的步骤。

4. 简述超级推荐创建商品爆款拉新计划的步骤。

5. 简述优惠券设置的步骤。

## 四、案例分析

### 直播等新电商，正在唱响营销主流旋律

    春节回老家过年，我最大的感触是直播在人群中渗透得厉害，很多人都在抖音、快手的直播上买过东西。老张做起了拼多多生意，线下一两百元的铁锅，拼多多卖 39 元，一口锅只赚 5 元，但其一天的销量竟然达到 2000 多台。

    中国的市场诞生了很多新型营销方式和品牌。直播、短视频等工具，互动性强，内容有趣。越来越多的快消品、日用百货、农产品等，也开始采用新型互联网工具营销。社区团购、直播、短视频、微商等，均在中国大放异彩。传统电商正在被直播、短视频电商超越，越来越多的新型企业，依靠全新的营销方式，获得消费者的支持和信赖。抖音、快手、小红书等新兴平台，诞生出的元气森林、大希地、钟薛高等诸多品牌，也纷纷得到了大众的青睐。

    未来，中国的市场营销将会夹杂更多的中国文化、中国创意、中国科技、中国模式，进而影响世界，改变世界。

(资料来源: 刘大贺. 直播等新电商，正在唱响营销主流旋律[J/OL]. (2021-03-31)[2023-09-25].

https://www.cmmo.cn/article-220312-1.html)

**思考题:**

(1) 请结合案例与现实，解释为什么直播电商在我国大放异彩。

(2) 通过案例，你可以得到什么启示？

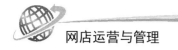
# 项 目 实 训

## 网店推广操作

**实训目的**

(1) 掌握网店推广工具的操作步骤；培养解决网店推广实际问题的能力。

(2) 掌握网店推广思维；提高实际工作能力和专业技能。

**实训内容**

(1) 明确网店推广主题。

(2) 选择推广工具。

(3) 创建推广工具计划。

(4) 分析数据优化调整。

(5) 实训结束后，撰写实训的总结。

**实训要求**

| 训练项目 | 训练要求 | 备 注 |
| --- | --- | --- |
| 步骤一：明确网店推广主题 | 开展市场调查，满足消费者需求 | 掌握正确的市场调查方法 |
| 步骤二：选择推广工具 | (1) 了解有哪些推广工具。<br>(2) 掌握各推广工具的特点 | 准备推广工具需要的素材 |
| 步骤三：创建推广工具计划 | 掌握各种推广工具的操作步骤 | 掌握计划设置方法 |
| 步骤四：分析数据优化调整 | 查看推广工具后台数据，并调整推广策略 | 掌握数据分析方法 |

# 课 程 思 政

在二十大报告中指出要"坚持守正创新"。网络推广需要有创新意识，通过营销推广渠道以及推广方式的灵活运营、创新应用，更好地推广商品，并获得消费者认同，从而促进商品流通。推广优化是一个不断优化逐步提升的过程，不可能一步到位，在优化过程中要有社会责任感，有耐心并精益求精，不断提升，从而争取达到最佳的效果。

# 第6章 网店工具

【知识目标】

- 了解千牛工具的基本功能。
- 了解生意参谋的各模块数据。
- 掌握千牛图像修改的操作。
- 掌握千牛系统设置的操作。
- 掌握生意参谋的数据分析流程。

【技能目标】

- 提高千牛工具各功能模块的操作能力。
- 培养生意参谋的数据分析能力。

【引导案例】

### 如何让网店运营更轻松

经过了解和操作，小王基本对店铺的日常商品上下架、营销推广工作已经比较熟悉了，目前店铺已经进入运营阶段。但是，在运营期间小王遇到了一些店铺运营方面的问题，比如访客数量不稳定、下单购买的客户比较少，这让小王非常烦恼。通过咨询同行，小王发现很多决策或者运营中的优化问题可以通过结合生意参谋中的数据分析得到解答。如何通过生意参谋等工具进行数据分析，发现网店装修、推广方法、促销活动、客户服务等环节中存在的数据异常问题，是小王现在需要解决的难题。

通过观察数据，小王发现他店铺内的苹果受到消费者欢迎，因此，小王加大对该苹果的推广力度，吸引了更多的客户购买，并带动了店内其他商品的销售。

**案例分析:**

通过生意参谋可以解决什么问题？

【知识要点】

## 6.1 千 牛 工 具

千牛是淘宝为淘宝卖家提供的一站式工作服务台，除涵盖淘宝店铺后台所有功能外，还具有客户交流接待功能，从而使卖家更高效地管理店铺，提高运营效率。千牛工具分为电脑版和手机版两个版本。

## 6.1.1　千牛的安装与登录

### 1. 千牛的安装

卖家可以从千牛官网(work.taobao.com)上下载千牛软件。打开下载的安装软件包，然后单击"立即安装"按钮安装到 C 盘，也可以选择"自定义安装"按钮重新设定安装路径。如图 6-1 所示。

图 6-1　千牛客户端安装

### 2. 千牛的登录

登录千牛工作台，输入原店铺账号和密码即可登录。主界面的左边是淘宝商家的常用模块，如"交易管理""自运营中心""物流管理""宝贝管理"等。界面中间是"公告""店铺营销数据""我的应用"等；界面右边是"淘宝行业专区""猜你想问"等，如图 6-2 所示。

图 6-2　电脑版千牛工作台主界面

## 6.1.2 千牛工具设置

### 1. 修改千牛图像和个人资料

千牛工作台和接待中心均提供千牛图像和个人资料修改功能，设置图像和个人资料有利于宣传推广自己，让别人记住自己。

**[Step1]** 单击千牛工作台右上角接待中心图标，如图 6-3 所示，进入接待中心。

图 6-3 "工作台"界面

**[Step2]** 单击接待中心左上方头像，如图 6-4 所示。在弹出的"个人资料"对话框中，单击"修改"按钮，如图 6-5 所示。

图 6-4 "接待中心"界面

图 6-5 "个人资料"对话框

**[Step3]** 在弹出的"更换图像"对话框中，单击"上传图片"按钮，如图 6-6 所示。

**[Step4]** 在"打开"对话框中选择想上传到图像图片，然后单击下方"打开"按钮，如图 6-7 所示。

**[Step5]** 回到"更换图像"对话框，单击下方的"确定"按钮，如图 6-8 所示，设置成功，并返回接待中心主界面。

图 6-6　"更换头像"对话框

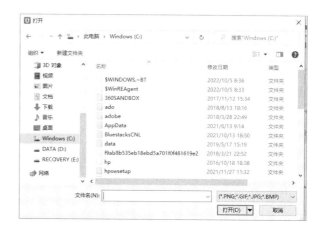

图 6-7　"打开"对话框

图 6-8　"更换图像"对话框

## 2. 千牛系统设置

千牛系统设置包括基础设置和接待设置，设置按钮位于千牛工作台右上角，如图 6-9 所示。

**[Step1]**　首先单击"设置"按钮 ☰ ，出现"系统设置"超链接，如图 6-10 所示。

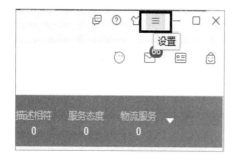

图 6-9　千牛系统设置按钮

图 6-10　千牛"系统设置"超链接

**[Step2]**　单击"系统设置"超链接，出现"基础设置"页面，如图 6-11 所示。一般以初始设置为准，也可根据运营需要进行修改。

**[Step3]**　单击"接待设置"标签，出现"接待设置"页面，如图 6-12 所示。在此可以进行个性签名和自动回复设置。

个性签名可以设置活动说明、产品介绍方面的内容；自动回复设置有助于提高回复客户咨询的效率，避免客服不在时无人接待客户。

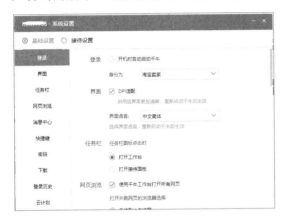

图 6-11　基础设置

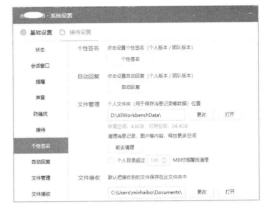

图 6-12　接待设置

## 6.2　生　意　参　谋

生意参谋是阿里巴巴为商家提供的数字产品平台，可以提供行业数据、网店数据，从而可以作为网店商务决策的参谋。生意参谋是淘系网店数据收集、精细化经营分析的最重要工具之一，为精准营销提供了数据支撑。网店新手应该熟悉生意参谋各模块，掌握数据分析方法。

登录网店后台，在数据中心模块可以看到生意参谋，单击链接即可进入生意参谋主界面。生意参谋包括免费的标准包基础版和付费模块。免费的标准包基础版提供大多数基础数据，基本能够满足中小卖家的需要。付费模块可根据自己的需要付费订购，包括数据作战室、市场洞察、服务洞察、流量纵横、品类罗盘、物流洞察等模块，一般订购相对重要的市场洞察、流量纵横等模块即可。如果资金有限可以只订购市场洞察、流量纵横的标准版。单击生意参谋右上角的"订购"按钮，可以查看自己已经订购和未订购的生意参谋模块，如图 6-13 所示。

图 6-13　生意参谋模块订购

## 6.2.1　生意参谋的内容

生意参谋包含了首页模块、实时模块、流量模块、品类罗盘模块、交易模块、内容模块、服务模块、市场模块、竞争模块等方面的内容。

### 1. 首页模块

首页模块可以较为直观地了解店铺整体情况，包括实时概况、店铺概况、运营视窗、服务视窗、管理视窗、流量看板、转化看板、客单看板、评价看板、竞争情报、行业排行等方面的指标和数据。首页模块只呈现一些比较核心的数据，更细化的数据需要进入相应的模块查看。

### 2. 实时模块

实时模块包括实时概况、实时来源、实时榜单、实时访客等模块。

(1) 实时概况。在实时概况模块中可以实时查看本店铺当天以及前一天所有终端、无线端和 PC 端的访客数、浏览量、支付金额、支付子订单数、支付买家数，可以把今天与近90 天内任意一天各时段的访客数、支付金额、支付子订单数、支付买家数等指标进行对比分析。

(2) 实时来源。在实时来源模块中可以实时查看 PC 端不同来源访客数占比及数量、无线端不同来源访客数占比及数量，以及不同地域的访客数和支付买家数。

(3) 实时榜单。在实时榜单模块中可以查看访客数 TOP50 和支付金额 TOP50 的商品，可以分析热门宝贝的所有终端、PC 端或无线端的浏览量、访客数、支付金额、支付买家数等，如图 6-14 所示。

(4) 实时访客。在实时访客模块可以查看访客访问时间、入店来源、被访页面、访客位置等信息，从而分析客户访问习惯。在实时催付宝模块中可以看到已下单未支付具有潜力的买家的情况，如图 6-15 所示。

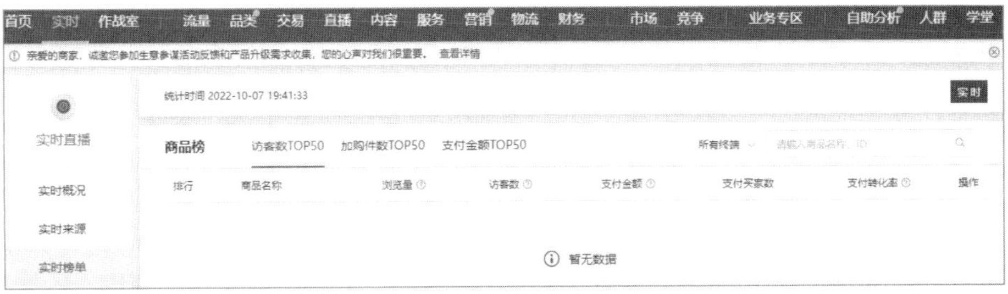

图 6-14　实时模块-实时榜单

图 6-15　实时模块-实时访客

### 3. 流量模块

流量模块是需要重点关注的模块之一，提供了全店流量概况、来源分析、动线分析、消费者分析等数据。它提供多个可查询的时间维度，可以查看实时，最近 7 天、30 天、90 天内任一天，1 年内每个月等多个时间段的数据。

流量模块相关数据可以帮助商家快速了解店铺流量的来源及去向，掌握访客特征，了解访客在店铺页面上的单击行为，帮助分析店铺装修受欢迎情况、购物路径引导是否到位、关联营销效果等，从而更好地进行流量优化和转化。

1）流量概况

流量看板。通过流量看板可以查看店铺访客数、商品访客数、转化(支付买家数)、人均浏览量、新访客数、老访客数、关注店铺人数等。"我的关注"里可以添加不同流量渠道的感兴趣的指标或商品。建议尽量以 7 天、30 天数据为准，这样可以减少误差。

2）来源分析

(1) 访客分析。通过访客分析可以查看本店访客时段分布、访客对比、访客数地域分布排行、下单买家数地域排行、不同消费层级访客数、不同性别访客数、新老访客数及下单转化率、来源关键词 TOP5 访客数及下单转化率、访客在店铺浏览分布等。访客时段分布有利于确定商品上下架时间以及推广时间；访客地域分布可以用来帮助直通车、钻石展位在推广地域选择时参考；来源关键词需要重点维护。

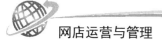

(2) 选词助手。选词助手提供本店引流关键词引流及转化相关指标数据、竞店引流关键词引流及转化相关指标数据、行业相关搜索词引流及转化相关指标数据等。

3) 动线分析

动线分析是对客户进店行为的分析，包括店内路径、流量去向、页面分析等分析。

(1) 店内路径。店内路径提供无线和 PC 端的店铺首页、店铺详情页、商品分类页、搜索结果页等页面的访客数占比、下单买家数占比、下单转化率、页面访问排行等数据。在这里可以了解进店途径，从而有针对性地进行优化。

(2) 流量去向。流量去向提供离开的访问页面排行、离开页面去向排行。

(3) 页面分析。页面分析分为页面概览、装修诊断两部分，页面概览提供首页&自定义承接页、商品详情页等页面流量和转化指标数据；装修诊断可以查看手机淘宝首页不同模块分布的效果指标数据、数据趋势、引导情况，有利于页面优化图片。

4) 消费者分析

消费者分析中的会员上传是把本人店铺内的会员信息上传，导入信息后可以提供人群报告。此部分的消费者分析一般使用较少。

**4. 品类罗盘模块**

品类罗盘模块由原来的商品模块改进而来，它提供全店在售商品销售、SKU 销售和售后服务等相关指标数据，提供商品数据预警与诊断、本店商品与竞品对比等多方位数据，有利于卖家了解全店商品情况，发现商品问题，挖掘具有爆款潜力的商品。

(1) 宏观监控。提供全店周、月、年总销售数据，提供访客数、浏览量、有访问商品数、商品平均停留时长、商品详情页跳出率、商品收藏人数等指标的数据和趋势图，提供按照排行、类目分类或者通过输入单个商品名称等直接搜索各商品访问类、转化类、服务类等众多指标数据。

(2) 商品 360。提供最近浏览的商品指标数据，也可以通过输入单个商品名称、商品 ID、商品 URL、货号等搜索店铺各商品，查询销售、流量、标题、内容等方面的相关指标数据。

(3) 商品诊断。提供网店每个商品的诊断，可以查看访客离开数据、转化数据，还可以查看系统对影响商品转化因素进行检测的结果等。

## 6.2.2  数据分析

### 1. 数据分析的内涵与流程

数据分析是指通过合理的渠道，收集数据、整理数据、分析数据，提炼有价值的信息，从而得出结论，给出建议。数据分析可帮助人们监测行业竞争、及时发现店铺问题、精准营销、提升运营效率，并可验证采取的措施是否取得了预期效果。

(1) 明确分析目的。进行数据分析，要明确解决的是什么商业问题，目的是什么。需要确定的是网店某项数据出现异常需要改进还是希望网店经营效率进一步提升，尽量落实到某个具体问题上，然后确定这个问题需要查看什么类型的数据。

(2) 数据收集。数据收集是按照确定的问题，有目的地搜集、整合相关数据的一个过程，它是数据分析的基础。淘宝网店数据收集渠道主要包括生意参谋、淘宝指数、阿里指数等其他数据工具。不同数据渠道数据重点各有侧重。

(3) 数据处理。数据处理是指对搜集到的数据进行整理、加工，以便开展数据分析。数据处理主要包括数据清洗、数据转化等处理方法。数据清洗和转换的主要对象包括残缺数据、错误数据和重复数据。一般可以用 Excel 工具进行处理。

(4) 数据分析。数据分析是指通过横向、纵向数据分析方法对处理好的数据进行对比分析，从中发现数据规律、因果关系和问题所在，为企业提供决策参考。此阶段一般可采用问题树法层层剖析问题，从而找出解决问题的关键点。

(5) 数据展现。大多数情况下，数据分析的结果都是通过图、表的方式来展现。俗话说"字不如表，表不如图"，数据借助图表可视化展现，能更直观地表述想要呈现的信息、结论和建议。常用的图表包括饼图、折线图、柱形图、条形图、散点图等。

(6) 报告撰写。数据分析报告是对整个数据分析成果的一个呈现，但并不是每次数据分析的必备过程。通过分析报告，把数据分析的目的、过程、结果及建议方案完整地呈现出来，以供企业参考。一份好的数据分析报告，要层次结构清晰、重点突出、图文并茂。层次结构清晰、重点突出以使阅读者正确快速抓住要点、理解报告内容；图文并茂可以让读者更形象、更直观地看清楚问题所在。

### 2. 核心数据解读

网店数据分析一般可以先查看商品流量和销售金额，其次看评价质量，再看商品转化率、页面停留时间和询单率。如果流量比较差甚至没有，评价很差，则转化率很难提高。商品转化率、页面停留时间和询单率很大程度上取决于访客对该页面是否感兴趣。一般把多项数据指标结合起来查看，这样更容易明确问题方向，比如某商品的单品转化率、页面停留时间或询单率低于行业平均水平，则需要查看商品卖点、展现逻辑顺序、展现内容多样化(数据、图表、细节图、权威认证报告、大量实证、视频等)、展现方式(字体、字号、背景色、配色)是否合理。

(1) 访客数。访客数是影响销售额的重要因素之一，也是数据化运营的基础。数据分析首先是流量的分析，分析一级流量来源渠道和二级流量来源渠道是否合理。

(2) 访问深度。由于 80%的顾客进入店铺都是从宝贝详情页进来，所以主要优化宝贝详情页可导流的位置，分别为店招、宝贝页关联、宝贝页侧边栏、店尾进行优化。再优化首页。

(3) 跳失率。跳失率与页面用户体验有关，用户体验不好则跳失率高。跳失率与网页内容与访客需求是否相符、价格、店铺类别、评价、商品销量、页面导航链接等因素有关。跳失率水平与店铺信誉等级、店铺规模、商品种类有关，心级小店，全店跳失率可能达到70%；冠级大店，一般的标品宝贝详情页或店铺首页跳失率要尽量控制在60%以下。

(4) 转化率。不同的广告、商品的品牌与价格、店铺的信誉等级、网页装修与内容、促销活动等都会影响转化率。具体来讲，影响转化率的指标主要是成交量、点击量，成交量主要受产品描述和价格的影响，点击量数据可以通过查看流量渠道获得。

**同步阅读 6-1　淘宝店铺数据分析案例**

案例店铺的销售情况如图 6-16 所示。

从图中我们看到，案例店铺的销售情况十分不稳定，并且店铺的销售额低于行业同层的平均水平。面对这样一个店铺，我们该如何分析呢？

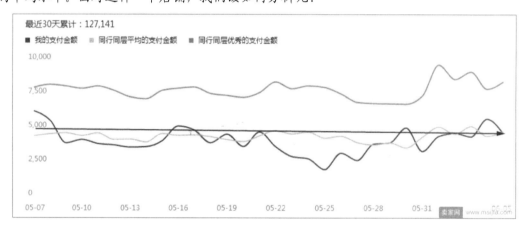

**图 6-16　店铺销售趋势**

从流量数据可以看出，店铺的流量是高于同行平均值的，但还是有很大的提升空间(和同层及优秀的比较)，所以我们在流量上，也有可以优化的地方。可以看出，店铺内付费流量极少，但是转化率远远高于主要的流量渠道——免费流量，那么，我们是否可以进一步加大付费流量的投入，提高店铺转化率呢？还有其他也可以优化，提升店铺销售额的地方吗？当然有，我们再去看一下店铺的拍下——付款情况：下图：店铺销售汇总。

综上，这个店铺的销售额优化，可以从店铺的流量结构、流量数量等多方面去优化，也就是说，店铺的销售出了问题，往往不是某一方面的问题，而是多个因素综合作用的结果。

(资料来源：lxseo. 如何通过生意参谋数据分析，突破店铺流量瓶颈[EB/OL].(2019-03-19)[2023-09-25].
https://www.huoniuip.com/shengyicanmou/2742.html)

# 扩 展 阅 读

## 网店单品分析案例

某淘宝网店商品数据如图 6-17～图 6-19 所示。

图 6-17 商品效果

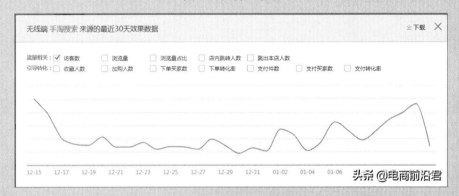

图 6-18 手淘搜索访客数

| 流量来源 | 访客数 ⬇ | 浏览量 | (占比) | 收藏人数 | 加购人数 | 支付件数 |
|---|---|---|---|---|---|---|
| 加长款毛衣裙过膝 | 794 | 800 | (15.72%) | 23 | 50 | 2 |
| 长款毛衣裙过膝 | 410 | 416 | (8.17%) | 15 | 30 | 4 |
| 毛衣过膝长款秋冬 | 199 | 202 | (3.97%) | 8 | 6 | 2 |
| 长款毛衣女 | 191 | 192 | (3.77%) | 5 | 11 | 2 |
| 高领过膝长毛衣女 | 183 | 185 | (3.63%) | 4 | 10 | 3 |
| 毛衣裙长款过膝 | 168 | 170 | (3.34%) | 2 | 6 | 0 |
| 长款毛衣女过膝 | 141 | 141 | (2.77%) | 3 | 6 | 0 |
| 配大衣的内搭 | 137 | 137 | (2.69%) | 5 | 7 | 0 |
| 加长毛衣女秋冬 | 106 | 107 | (2.10%) | 0 | 6 | 0 |

图 6-19 流量来源

这款单品主要的流量来自搜索，基本没有付费推广的流量，然后搜索基本每天在 400 左右。首先搜索流量不是很高，其次主要的流量还是来源于毛衣裙这个相关的关键词流量，然后我们看下这款宝贝(见图 6-20)。

图 6-20　宝贝详情页

这是一款针织连衣裙，一般来讲，这款宝贝的关键词人群应该是搜索"毛衣裙""针织连衣裙""长款毛衣裙过膝"等这些关键词的人群，但是店主却把这个产品放在毛衣类目，那就奇怪了，所以验证关键词类目匹配问题，数据如图 6-21～图 6-24 所示。

| 热搜排名 | 搜索词 | 搜索人气 ⇕ | 商城点击占比 ⇕ | 点击率 ⇕ | 点击人气 ⇕ | 支付转化率 ⇕ | 直通车参考价 ⇕ |
|---|---|---|---|---|---|---|---|
| 18 | 毛衣裙 | 23,980 | 34.03% | 179.78% | 18,458 | 2.51% | 0.95 |
| 20 | 长款毛衣裙过膝 | 22,200 | 47.31% | 149.36% | 16,052 | 4.72% | 0.80 |
| 72 | 过膝毛衣裙冬 | 12,557 | 47.14% | 150.92% | 9,532 | 3.96% | 0.76 |
| 130 | 毛衣连衣裙 | 9,824 | 29.17% | 196.26% | 8,043 | 2.83% | 0.83 |
| 148 | 长款毛衣裙 | 9,454 | 42.27% | 167.20% | 7,532 | 3.63% | 0.74 |
| 170 | 毛衣裙长款过膝 | 8,935 | 47.89% | 158.75% | 6,688 | 4.42% | 0.80 |
| 212 | 长款毛衣女裙过膝 | 8,023 | 48.39% | 161.87% | 6,122 | 4.08% | 0.57 |
| 214 | 蕾丝毛衣两件套 | 7,994 | 32.36% | 116.97% | 5,484 | 1.55% | 0.38 |

图 6-21　行业热词(1)

| 热搜排名 | 搜索词 | 搜索人气 ⇕ | 商城点击占比 ⇕ | 点击率 ⇕ | 点击人气 ⇕ | 支付转化率 ⇕ | 直通车参考价 ⇕ |
|---|---|---|---|---|---|---|---|
| 13 | 针织连衣裙 | 28,417 | 28.99% | 197.03% | 21,940 | 3.64% | 0.92 |
| 45 | 针织裙 | 15,180 | 24.16% | 186.45% | 11,267 | 4.39% | 0.66 |
| 261 | 针织连衣裙秋冬 | 7,191 | 33.91% | 190.29% | 5,863 | 3.43% | 0.73 |
| 280 | 针织连衣裙秋冬女 2... | 6,945 | 38.71% | 161.94% | 5,403 | 1.84% | 0.61 |
| 329 | 长款针织连衣裙 | 6,360 | 29.91% | 178.08% | 4,763 | 3.40% | 0.88 |
| 386 | 针织连衣裙 中长款 | 5,660 | 33.97% | 160.09% | 4,257 | 3.38% | 0.98 |
| 492 | 针织连衣裙 修身 | 4,874 | 30.26% | 174.58% | 3,588 | 4.58% | 0.92 |

图 6-22　行业热词(2)

| 热搜排名 | 搜索词 | 搜索人气 ⇕ | 商城点击占比 ⇕ | 点击率 ⇕ | 点击人气 ⇕ | 支付转化率 ⇕ | 直通车参考价 ⇕ |
|---|---|---|---|---|---|---|---|
| 55 | 毛衣裙中长款 | 17,159 | 40.75% | 166.12% | 13,554 | 3.14% | 0.76 |
| 66 | 毛衣裙长款 | 15,388 | 38.74% | 163.88% | 11,963 | 3.29% | 0.74 |
| 323 | 毛衣裙秋冬女 2017... | 6,201 | 52.95% | 139.91% | 4,786 | 1.82% | 0.74 |

图 6-23　行业热词(3)

大家可以看下数据对比，流量比较大的几个核心关键词，都在连衣裙类目下，再来验证下类目问题。

图 6-24　类目验证

从以上的数据可以看出，店主这款宝贝搜索流量受限的主要原因之一就是类目选择错误。如图 6-22 所示。

（资料来源：卖家网. 店铺卖不动货？找到问题根源最要紧[EB/OL]. (2018-03-13)[2023-09-25].

https://www.maijia.com/ganhuo/443831)

**案例分析：**

(1) 淘宝店铺单品分析应该从哪里寻找数据？

(2) 淘宝店铺单品分析应该分析哪些数据？

# 同 步 测 试

## 一、单项选择题

1. 设置千牛图像是为了(      )。

    A. 宣传推广      B. 数据查看      C. 宝贝管理      D. 交易管理

2. 千牛接待中心是(      ) 工具。

    A. 宝贝管理      B. 客户在线沟通 C. 付费推广      D. 数据分析

3. 生意参谋是(      )平台。

    A. 宝贝管理      B. 客户沟通      C. 营销推广      D. 数据分析

4. 以下不属于免费流量来源的是(      )。

    A. 手淘搜索      B. 每日好店      C. 手淘淘抢购      D. 超级推荐

5. 小王的网店今天免费渠道带来 500 个访客，直通车带来 1000 个访客，其中有 150 人购买了商品，那么(      )。

    A. 今天该网店下单转化率为 20%      B. 今天该网店访客数为 1000 人

    C. 今天该网店支付转化率为 10%      D. 今天该网店跳失率为 90%

## 二、多项选择题

1. 千牛具有(      )功能。

    A. 与客户交流      B. 数据查看      C. 宝贝管理      D. 交易管理

2. 建设淘宝客户群，可以(      )。

    A. 提供优惠活动信息          B. 告知新品上市

    C. 与客户互动          D. 提高客户黏度

3. 数据分析流程包括(      )。

    A. 明确分析目的      B. 数据收集      C. 数据处理      D. 数据分析

4. 流量模块相关数据可以帮助商家(　　)。

    A. 了解店铺流量的来源　　　　　　B. 了解访客在店铺页面上的单击行为

    C. 分析店铺装修受欢迎情况　　　　D. 了解关联营销效果

5. 以下属于付费流量的是(　　)。

    A. 直通车　　　　　　B. 淘宝客　　　　　　C. 手淘搜索　　　　　　D. 超级推荐

## 三、简答题

1. 简述修改千牛图像的步骤。

2. 简述千牛系统设置的步骤。

3. 简述备注联系人信息的步骤。

4. 简述设置千牛淘宝客户群的步骤。

5. 简述生意参谋中流量模块的作用。

## 四、案例分析

### 网店运营案例

1. 店铺介绍

本店铺主营家居用品，开店时间久，基础一般，客单价较高，店铺产品多，上新比较快，但复购率不高，如图 6-25 所示。

2. 营销策略

因为宝贝的品牌较多，全店共有 940 多个链接，滞销链接比较多，并且没有一款产品在市场上有很好的排名，而且产品属于控价产品，在竞争上占的优势并不是很大。

图 6-25　淘宝网店等级

根据这个店铺的情况给它规划的几个点如下。

(1) 对现有品牌进行梳理，选择出适合推广的优势产品。

(2) 整理滞销链接，有选择性地重新上架或删除。

(3) 做好店铺细节，留住老客户。

针对每个品牌选择市场需求大的产品进行推广。

3. 推广方法

(1) 内容营销。采用微淘、直播、小视频、淘宝群等做内容营销。

微淘：不管小店大店都可以发布的最基础的买家秀，图文、视频、帖子各种形式都可以做。有的商家说自己也在发，但没有任何用。其实不是没有用，而是没找对方法。首先要知道店铺产品定位人群所感兴趣的内容，不仅限于店铺上新这些，多出互动类的话题或者设置奖品以增加黏度。

直播：很多人都会担心卖家秀跟买家秀的差距，直播是解决这个问题的最好方式了，它可以多个方面展示产品，打消买家疑虑。

小视频：主图小视频，展示产品。

淘宝群：淘宝群有利于提升店铺活跃度，上新可以给老客户发优惠，既能使新品破零，也可以反馈出新品中哪个款更受青睐。

除此之外，还有超级推荐推广。超级推荐有三种方式，即单品、图文、直播。

刚开始去做可以尝试单品推广，找几款最有代表性的产品，用来吸粉，拉新引流，当微淘直播有了一定的观看活跃度，再去做推广。

(2) 直通车推广。低客单价的宝贝转化率都不是很高，且市场竞争激烈，可以尽可能少的钱去引来更多的流量，促进转化，达到最大的投入产出比。

因此可以抓住三个点进行突破，那就是点击率、PPC(平均点击花费)以及点击转化率。而点击率以及 PPC 是两个连续很紧密的指标，只有点击率高了，才能尽快地去降低 PPC。所以说第一步是点击率的提升。

根据以上反映的情况该产品主要做的是关键词，行业转化好的词，然后进行地域以及精选人群稍微优化。目前已经有两款产品的链接稳卡同类产品销量第一的排名，针对这两款产品降低推广日限，稳住当前的排名，换其他品进行推广。

(3) 店铺内功。做好店铺内部工作也很重要，要点如下。

① 店铺搜索装修：因为店铺内产品链接多产品不易找到，进行了店铺内的搜索装修，把店铺内主推产品的重点关键词放在首位。

② 完善购后链路：在订单详情页、支付成功页做收藏店铺、群聊以及专属客服的邀请，增加客户的体验度。

③ 互动服务窗：做热卖爆款推荐、隐藏优惠券投放，配合客服沟通提高主推款的转化率。

此类目的产品客源稳定，主要做的是创造老客户并且最大程度地维护好老客户，减少店铺流失，当然直通车的跟进推广也是必不可少的。

4. 运营效果，如图 6-26、图 6-27 所示。

图 6-26　交易情况

图 6-27 内容互动

总结：店铺的粉丝活跃度、回购率是日积月累打理起来的，从最简单的着手把店铺打造得丰富多彩，再利用工具进行推广曝光拉新，这会大大地减少店铺流失，同时这也是养粉的开始。

（资料来源：鼎海电商. 网店运营案例[EB/OL]. (2017-09-21)[2023-09-25]. ttps://www.dinghaiec.com/showinfo-40-641-0.html）

**思考题：**

(1) 网店可以通过哪些渠道进行推广？

(2) 通过本案例，你可以得到什么启示？

# 项 目 实 训

## 千 牛 操 作

**实训目的**

(1) 掌握网店生意参谋功能模块的操作步骤；培养网店生意参谋的数据分析问题能力。

(2) 掌握网店生意参谋数据分析的内容；提高实际工作能力和专业技能。

**实训内容**

(1) 明确实训主题。

(2) 收集网店数据。

(3) 整理网店数据。

(4) 分析网店数据。

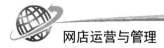
(5) 实训结束后，以小组为单位完成对实训的总结。

**实训要求**

| 训练项目 | 训练要求 | 备　注 |
|---|---|---|
| 步骤一：明确实训主题 | (1)　调查某类商品。<br>(2)　了解个人特长 | 掌握正确调查方法 |
| 步骤二：收集网店数据 | (1)　了解生意参谋。<br>(2)　下载指标数据 | 掌握指标的含义 |
| 步骤三：整理网店数据 | 用 Excel 工具整理数据，做成图表 | 掌握用 Excel 工具制表的技巧 |
| 步骤四：分析网店数据 | 对比分析图表数据的含义并提出建议 | 掌握数据分析的技巧 |

# 课　程　思　政

　　电商工具将数据分析应用于电商领域，需要建立数据运营思维、认识到调查研究的重要性、透过现象看本质，获得对现实生活中的现象与问题更深层的认识，强化实践能力与创新能力。电商数据分析需要有大局思维，逻辑思维能力。在数据分析过程中需要充分树立数据分析的理性思维、严谨的工作态度、精益求精的工匠精神。在客户服务工具中，使用客服工具经常沟通，增强语言表达与沟通能力；通过客服工具使用，使用礼貌用语，体会服务精神，以人为本、服务群众、诚实守信、奉献社会。

# 第7章 电商产品包装与物流服务

## 【知识目标】

● 了解电商产品包装与物流服务相关知识。

● 熟悉产品包装的概念、包装的分类等知识。

● 掌握产品包装的功能、商品的基本包装等。

● 掌握物流综述、运费模板设置等知识。

## 【技能目标】

● 具有产品包装的基本能力。

● 具有产品物流服务的基本技能。

## 【引导案例】

### SCA公司纸箱集装管理系统

SCA包装公司的新型瓦楞纸箱管理系统Easy Stak自问世以来,能迅速占领了相关市场的某些相关领域。由于农产品来自不同的种植者和市场,一般运往零售商所在地的水果和蔬菜是由不同大小与样式的纸箱混合装载的,因此极易导致产品的损坏,这对于每一个供应商来说都是一个令人头疼的问题,而Easy Stak系统则实现了纸箱规格的标准化。Easy Stak系统允许有一系列开口式瓦楞纸箱,但只存在两种基本尺寸——600mm×400mm和400mm×300mm。这意味着一对较小的单元可以跟一个或更多的较大单元相互连接,进行混合装载。

Easy Stak用国际标准来规范瓦楞纸箱两个关键的指标——堆码能力和混装配载性能。它不仅适用于水果、蔬菜,而且可以广泛应用于包括酸牛奶在内的保鲜农产品,另外,甜品和冷冻食品也将从中受益。Easy Stak系统已经在英国、西班牙和意大利试运行,并得到了瓦楞纸箱包装协会(CPA)和食品杂货流通学会(IGD)的大力支持和推广。

**案例分析:**

作为产品包装,试列举瓦楞纸箱的优点有哪些。

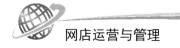

【知识要点】

# 7.1　产 品 包 装

## 7.1.1　商品的包装

包装是为了在流通过程中保护产品，方便储运，从而促进销售，按一定技术方法而采用的容器、材料及辅助物的总体名称。从广义上来讲，一切进入流通领域的拥有商业价值的事物的外部形式都是包装，它一般有以下两重含义。

(1) 关于盛装商品的容器、材料及辅助物品，即包装物。

(2) 关于实施盛装和封缄、包扎等的技术活动。

## 7.1.2　包装的功能

包装的功能主要有以下三点。

(1) 保护产品。保护产品是包装最重要的功能。保护商品，免受日晒、雨淋、灰尘污染等自然因素的侵袭，防止挥发、渗漏、溶化、污染、碰撞、挤压、散失以及盗窃等损失。

(2) 方便储运。运输包装的主要目的在于要便于装卸、储存和运输，以期将商品完好无损地送达目的地和消费领域，如装卸、盘点、码垛、发货、收货、转运、销售计数等，为流通环节贮、运、调、销带来方便。

(3) 促进销量增长。包装设计在考虑一般性功能与特定性功能外，还有美化与装饰的作用。美化商品、吸引顾客，这样就可以促进销量增长，从而实现商品的销售价值和使用价值。

## 7.1.3　包装的分类

包装的分类有以下九种。

(1) 按产品销售范围分：有内销产品包装、出口产品包装。

(2) 按包装在流通过程中的作用分：有单件包装、中包装和外包装等。

(3) 按包装制品材料分：有纸制品包装、塑料制品包装、金属包装、竹木器包装、玻璃容器包装和复合材料包装等。

(4) 按包装使用次数分：有一次用包装、多次用包装和周转包装等。

(5) 按包装软硬程度分：有硬包装、半硬包装和软包装等。

(6) 按产品种类分：有食品包装、药品包装、机电产品设备包装、危险品包装等。

(7) 按功能分：有运输包装、贮藏包装和销售包装等。

(8) 按包装技术方法分：有防震包装、防湿包装、防锈包装、防霉包装等。

(9) 按包装结构形式分：有贴体包装、泡罩包装、热收缩包装、可携带包装、托盘包装、组合包装等。

## 7.1.4 商品的基本包装

### 1. 包装材料的选择

(1) 纸包装材料：是现代包装的四大支柱之一。由于其原料是取自木材、稻草、芦苇等功能，资源丰富，具有质轻、易加工、成本低、废弃物易回收处理等特性，如干燥剂包装纸、蜂窝纸板、牛皮纸工业纸板、蜂窝纸芯。

(2) 塑料包装材料：是现代使用很广泛的一种包装材料，具有许多优良特性，如气密性好、易于成形和封口、防潮、防渗漏、化学性能稳定、耐腐蚀等，如 PP 打包带、PET 打包带、缠绕膜、封箱胶带、热收缩膜、塑料膜、中空板。

(3) 木材包装材料：木材制品和人造木材板材(如胶合板、纤维板)制成的包装，如木箱、木桶、木匣、木夹板、纤维板箱、胶合板箱以及木制托盘等。

(4) 金属包装材料：以其坚固性在包装材料中占有一定地位。如马口铁铝箔、桶箍、钢带、打包扣、泡罩铝、PTP 铝箔、铝板、钢扣。

(5) 复合类软包装材料：如软包装、镀铝膜、铁芯线、铝箔复合膜、真空镀铝纸、复合膜、复合纸、BOPP。

(6) 陶瓷包装材料：如陶瓷瓶、陶瓷缸、陶瓷坛、陶瓷壶。

(7) 玻璃包装材料：如玻璃瓶、玻璃罐、玻璃盒。

(8) 烫金材料：如镭射膜、电化铝烫金纸、烫金膜、烫印膜、烫印箔、色箔。

(9) 胶粘剂、涂料：如粘合剂、胶粘剂、复合胶、增强剂、淀粉粘合剂、封口胶、乳胶、树脂、不干胶。

(10) 包装辅助材料：如瓶盖手套机、模具、垫片、提手、封口盖、包装膜。

(11) 其他包装材料/辅料。

### 2. 特定功能性包装

1) 防震包装

防震包装又称缓冲包装，在各种包装方法中占有重要的地位。产品从生产出来到开始使用要经过一系列的运输、保管、堆码和装卸过程，然后置于一定的环境之中。在任何环境中都会有力作用在产品之上，并使产品发生器械性损坏。为了防止产品遭受损坏，就要设法减小外力的影响，所谓防震包装就是指为减缓内装物受到冲击和振动，保护其免受损坏所采取的一定防护措施的包装。防震缓冲材料的性能应具有良好的吸收冲击能量和震动外力的性能，以及良好的复原性、温度和湿度的安定性、比较小的吸湿性和适宜的酸碱性等功能。防震包装主要有四种：全面防震包装、部分防震包装、悬浮式防震包装、联合方式的防震包装。

【同步阅读 7-1】包装流程

### 包装流程

一般商品的包装流程如图 7-1 所示。

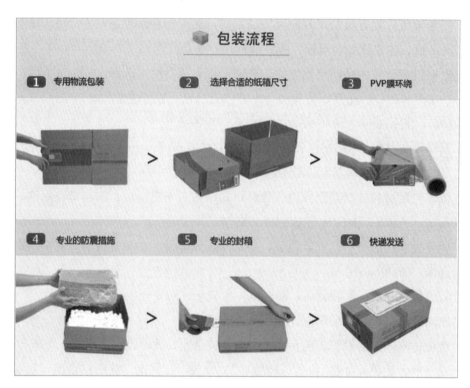

图 7-1　包装流程

**思考：**

简要说明包装流程的基本步骤有哪些？

2）　防潮、防湿、防水包装

防潮、防湿、防水包装的作用是阻隔外界水分的侵入，减少或避免由于外界温、湿度的变化而产生反潮、结露和霉变现象。包装材料必须具有抵御外力作用和防止水分进入内部两种保护性能，如低密度聚乙烯、聚氯乙烯、防潮柏油纸、石油沥青油毡等。防湿防水用的密封材料有压敏胶带、防水胶粘带、防水胶粘剂以及密封用橡胶皮等。对防湿、防水的包装容器，装填内装物后密封严实，保证接合处不渗水，保证水不会渗入从而侵害内装产品。在设计和选用防潮包装时，应根据储运环境、气候情况、内装物的性质和储运有效期来选定防潮包装的等级。

3) 防锈包装

为了减轻因金属锈蚀带来的损失，对金属制品采用适宜的防锈材料和包装方法，以防止其在贮运过程中发生锈蚀而进行的处理，就是防锈包装。在包装工程中遇到最多的是大气锈蚀。锈蚀对于金属材料和制品有严重的破坏作用。据试验，钢材如果锈蚀 1%，它的强度就要降低 5%～10%，而薄钢板则更容易因锈蚀穿孔失去其使用价值。金属制品因锈蚀而造成的损失远远超过所用材料的价值。影响金属制品锈蚀的因素有：空气湿度、气温、有害气体与杂质，如二氧化硫、硫化氢、氯化物、灰尘等。防锈包装一般有清洗产品、干燥去湿和防锈处理三道工序。防锈处理的方法有：防锈油脂封存包装、气相防锈剂封存包装、可剥性塑料封存包装、茧式包装。

4) 防霉包装

防霉包装是在流通与储存过程中，为防止内装物长霉影响质量而采取一定防护措施的包装。如对内装物进行防潮包装，降低包装容器内的相对湿度，对内装物和包装材料进行防霉处理等。防霉包装能使包装及其内装物处于霉菌被抑制的特定条件下，保持其质量完好并延长保存期限。防霉包装必须根据微生物的生理特点，改善生产和控制包装储存等环境条件，从而达到抑制霉菌生长的目的。第一，要尽量选用耐霉腐和结构紧密的材料，如铝箔、玻璃和高密度聚乙烯塑料、聚丙烯塑料、聚酯塑料及其复合薄膜等，这些材料具有微生物不易透过的性质，有较好的防霉效能。第二，要求容器有较好的密封性，因为密封包装是防潮的重要措施，如采用泡罩、真空和充气等严密封闭的包装，既可阻隔外界潮气侵入包装，又可抑制霉菌的生长和繁殖。对产品通过结构设计、制造工艺、表面隔离以及采用添加防霉剂处理的办法达到防霉的要求。第三，从包装方面来说，要根据霉菌的生理特性，控制霉菌的生长条件，通过对包装结构、工艺过程的改进来达到防霉的目的。

5) 防虫包装

防虫包装就是为了保护内装物免受虫类侵害而采取一定防护措施的包装。防虫包装，常用的是驱虫剂，也可采用真空包装、充气包装、脱氧包装等，从而防止虫害。防虫包装可分为以下五种。

(1) 充气包装。充气包装是采用二氧化碳气体或氮气等不活泼气体来置换包装容器中空气的一种包装方法，因此也称为气体置换包装。这种包装方法是根据好氧性微生物需氧代谢的特性，在密封的包装容器中改变气体的组成成分，降低氧气的浓度，抑制微生物的生理活动、酶的活性和鲜活商品的呼吸强度，从而达到防霉、防腐和保鲜的目的。

(2) 真空包装。真空包装是将物品装入气密性容器后，在容器封口之前抽真空，使密封后的容器内基本没有空气的一种包装方法。一般的肉类商品、谷物加工商品以及某些容易氧化变质的商品都可以采用真空包装，真空包装不但可以避免或减少脂肪氧化，而且抑制了某些霉菌和细菌的生长。同时在对其进行加热杀菌时，由于容器内部气体已排除，因此加速了热量的传导，提高了高温杀菌效率，也避免了在加热杀菌时，由于气体的膨胀而使包装容器破裂。

(3) 收缩包装。收缩薄膜是一种经过特殊拉伸和冷却处理的聚乙烯薄膜。由于薄膜在定向拉伸时产生残余收缩应力，这种应力受到一定热量后便会消除，从而使其横向和纵向均发生急剧收缩，同时使薄膜的厚度增加，收缩率通常为30%～70%。收缩力在冷却阶段达到最大值，并能长期保持。

(4) 拉伸包装。拉伸包装是于20世纪70年代开始采用的一种新包装，它是由收缩包装发展而来的。拉伸包装是依靠机械装置在常温下将弹性薄膜围绕被包装件拉伸、紧裹，并在其末端进行封合的一种包装方法。由于拉伸包装不需进行加热，所以消耗的能源只有收缩包装的1/20。拉伸包装可以捆包单件物品，也可用于托盘包装之类的集合包装。

(5) 脱氧包装。脱氧包装是继真空包装和充气包装之后出现的一种新型除氧包装方法。脱氧包装是在密封的包装容器中，使用能与氧气起化学作用的脱氧剂与之反应，从而除去包装容器中的氧气，以达到保护内装物的目的。脱氧包装方法适用于某些对氧气特别敏感的物品，使用于那些即使有微量氧气也会导致品质变坏的食品包装中。

【同步阅读7-2】包装材料

### 包装材料

天天海鲜包装材料及说明如图7-2所示。

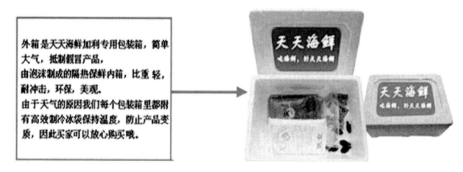

图7-2　商品包装材料

思考：

包装材料应具备哪些性能？

# 7.2  物 流 服 务

## 7.2.1  物流概述

### 1. 物流的基本概念

物流学自诞生之日起就凭借其强大的生命力飞速发展，一直以来，物流都受到人们的高度关注。现如今，伴随着电子商务的浪潮，物流也迎来了发展的新时代，物流的发展将成为中国经济发展必不可少的推动力，同时也将更好地为电子商务的发展提供坚实的支持。

我国从国外引进物流的概念开始于 20 世纪 70 年代末期，现如今经过三十多年对物流的研究和实践，人们对物流的理解也从懵懂到如今的熟悉，但是由于国内外各界对物流的定义各不相同，所以很多人对物流都没有一个明确的定义。

国家质量技术监督局在其颁布的《中华人民共和国国家标准——物流术语》中对物流(Logistics)给出了我们现在普遍接受并使用的物流定义：物流是指物品从供应地向接收地的实体流动过程。物流可以根据实际需要，将运输、储存、装卸、搬运、包装、流通加工、配送、信息处理等基本功能实施有机结合(见图 7-3)。

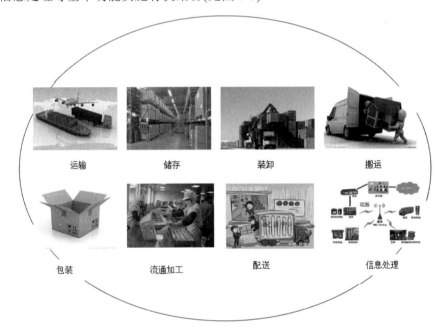

运输  储存  装卸  搬运

包装  流通加工  配送  信息处理

**图 7-3  物流的基本功能**

这一概念突出强调了物流的八项基本功能，随着物流的发展，相信物流的定义也会随之更新，但就目前来看，这一概念被人们普遍接受。

### 2. 我国物流的发展历程

我国物流的发展大概经历了以下四个阶段。

1) 第一阶段，计划经济体制下的物流阶段(1949—1977 年)

新中国成立后，国家长期对生产资料和主要消费品实行计划生产、计划分配和计划供应。由于生产、流通和消费完全在计划经济体制下管理和运行，部门经济和条块分割导致当时的物流十分不合理，供销物资和外贸等流通部门完全按照计划储存和运输，分别建立了各自部门的供销公司、批发零售网点、储存运输队伍等，各自成为一个系统；交通、铁路、航空等专业运输部门各自拥有储运企业，经济发展完全靠计划安排，生产成为经济发展的主体，流通结构非常不合理，物流效率十分低下。当时我国正处于工农业发展时期，还没有现代物流概念的引入。

2) 第二阶段，有计划的商品经济下的物流阶段(1978—1992 年)

我国全面推进经济体制改革，流通体制也随之发展深化，在这一阶段中国开始引入物流概念。这个阶段具体来说可以分为以下几个过程。

(1) 1979—1984 年，按照计划与市场调节相结合的原则，改革长期以来全面统一管理的旧体制，扩大市场的调节范围，重点调整了农副产品和日用工业品的计划管理体制，改变商品统一购买统一销售的制度，打破国有企业完全控制市场的固有局面，发展了计划购销、市场购销等多流通渠道和购销形式，初步形成多种经济成分和多种经营形式的流通格局。

(2) 1985—1987 年，全面改革了流通领域的企业和批发体制、价格和经营制度，围绕建立有计划的商品经济框架，扩大了企业经营的自主权，促进了流通管理向市场经济的转变。

(3) 1988—1992 年，是我国引进、启蒙和宣传普及物流阶段，也是物资流通企业快速走向市场阶段。国家大力发展多层次、多形式、多功能的商品批发交易市场，全面改革经营管理体制，大幅缩减计划管理商品的品种和数量，积极开展木材、平板玻璃、机电产品等的配送试点，大力投入物流基础设施，如港口码头、机场、铁路、货运枢纽等，物流的重要性开始逐步在各个领域引起人们的重视。

3) 第三阶段，社会主义市场经济下的物流阶段(1993—1998 年)

1993 年，党的十四届三中全会通过了《关于建立社会主义市场经济体制若干问题的决议》，我国加快了经济体制改革的步伐，经济建设开始进入一个新的历史发展阶段，开始从计划经济向市场经济转变。随着科学技术的迅速发展和信息技术的普及和应用，消费需求向个性化、多元化趋势发展。市场竞争机制的建立，使得我国工商企业，特别是中外合资企业，不断提出新的物流需求。我国经济界开始把物流发展提上了重要议事日程。

4)　第四阶段，新经济发展形势下的物流阶段(1999 年到今天)

随着改革开放的进一步深入，我国的国民经济增长方式发生了根本性的转变，物流发展受到了政府部门和国家领导的高度重视，国家领导人多次在有关会议上对物流的发展表示高度关注。中共中央在远景规划中明确提出了要进一步加速现代物流发展的战略目标，大多数地方政府也在各自的计划和长远计划中把发展现代物流放在重要的地位，并采取切实可行的措施发展现代物流产业，逐步建立起专业化、现代化、社会化的物流服务网络体系。目前，深圳、北京、天津、上海和广州等地政府极为重视本地区物流产业的发展，研究制定了地区物流发展规划和政策措施；物流企业逐渐摆脱部门附属机构的地位，开始按照市场规律的要求开展物流活动。

2001 年国家经济贸易委员会、铁道部、交通部、信息产业部、对外贸易经济合作部、国家民行总局联合印发《关于加快我国现代物流发展的若干意见》的通知，我国物流领域第一个跨部门、跨行业、跨所有制的行业组织——中国物流与采购联合会成立，我国国家标准《物流术语》正式实施，《中国物流年鉴》《中国物流发展蓝皮书》出版发行，物流峰会、论坛、研讨会、展览会等络绎不绝地展开，各省市的物流园区、配送中心、商品代理配送制、第三方物流的发展使得物流产业呈现出一片欣欣向荣的景象。

## 7.2.2　电子商务与物流

电子商务对现代物流业的发展起着至关重要的作用，电子商务的出现和兴起对现代物流业的发展和物流企业的运作产生了深远的影响。随着电子商务的发展，人们逐步意识到物流是电子商务发展必不可少的支撑。互联网信息平台、EDI(电子数据交换)、条形码、RFID(无线射频识别)、GPS(全球卫星定位系统)等现代信息技术手段在物流中广泛运用，物流现代化发展迅猛。同时，我国逐渐加大力度对一些陈旧的仓储、运输企业进行改革、改造和重组，使它们能不断提供新的物流服务。与此同时，出现了一批适应市场经济发展需要的现代物流企业，中国物流业迎来了发展的春天。

### 1. 物流保障生产

无论是传统的贸易方式，还是电子商务，商品生产是流通的基础，而生产的顺利进行需要各个物流环节的支持。整个生产过程实际上就是系列化的物流活动。

在电子商务交易过程中，人们通过上网交易，完成了商品所有权的交换过程，通过物流实现货物的送达和验收、售后服务以及技术支持，从而实现商品的实质性转移，使整个交易活动结束。

物流是电子商务的重要组成部分，是实现电子商务的保证。

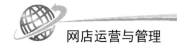

### 2. 物流服务于商流

商流是一种买卖或者说是一种交易过程，通过商流活动发生商品所有权的转移。商流是物流的起点。物流是基于交换即产品实体在空间位移中形成的经济活动，活动的结果是按一定时间要求完成社会再生产过程的物质补偿的实物替换，从而解决大生产引起的空间上、时间上的矛盾。

物流的具体内容包括以下几个方面：用户服务、需求预测、订单处理、配送、存货控制、运输、仓库管理、工厂和仓库的布局与选址、搬运装卸、采购、包装、情报信息。商流是物流的上游，商流带动物流。商流越兴旺，则物流愈发达；反之，如果物流服务滞后，也会影响商流的发展。因此，两者之间是相辅相成、相互促进的。

### 3. 物流是实现"以顾客为中心"理念的根本保证

在电子商务环境下，消费者可以在因特网上搜索、查看、挑选，完成购物的过程。物流是电子商务中实现以"以顾客为中心"理念的最终保证，现代化的物流服务能够将消费者所购的商品保质保量地及时送到，网购已经成为消费者喜爱的购物方式之一，而物流为网上购物的发展提供了保障。

现代物流配送可以为电子商务的客户提供服务，可以为电子商务的发展提供动力。电子商务的发展离不开物流配送体系的完善，两者互利共生，彼此为对方的发展都作出了巨大的贡献。

在信息经济时代，电子商务与现代物流是互为依存的两个概念。一方面，电子商务的实现需要现代物流的支撑，绝大部分电子商务的实现都离不开物流；另一方面，社会化、专业化、全球化的经济发展，使得现代物流呈现出更多电子化、网络化等特征，电子商务相关技术在现代物流业中发挥着关键的作用。

## 7.2.3 运费模板设置

网店经营中通常需要为商品设置运费，具体方法是：登录我的淘宝，选择"我是卖家"选项，单击"出售中的商品"按钮，然后单击"设置运费模式"按钮，然后就可以设置不同的运费模板。

新增运费模板设置如下。

(1) 登录我的淘宝，选中"我是卖家"选项，单击"出售中的商品"按钮，然后单击"设置运费模式"按钮，单击"新增运费模板"按钮，如图7-4所示。

图 7-4　"新增运费模板"界面

(2)　在弹出的新增运费模板界面中填写发货时间等内容。发货时间可以根据自己的库存来设置，如图 7-5 所示。

图 7-5　设置运费模板

(3)　设置默认运费和指定地区运费。

在新增运费模板中选择好运费方式，填好默认运费和指定地区运费，然后单击"确定"按钮，如图 7-6、图 7-7 和图 7-8 所示。

图 7-6　设置默认运费

运送到
首件数(件)
首费(元)
续件数(件)
续费(元)
操作
未添加地区
编辑
删除
为指定地区城市设置运费
批量操作

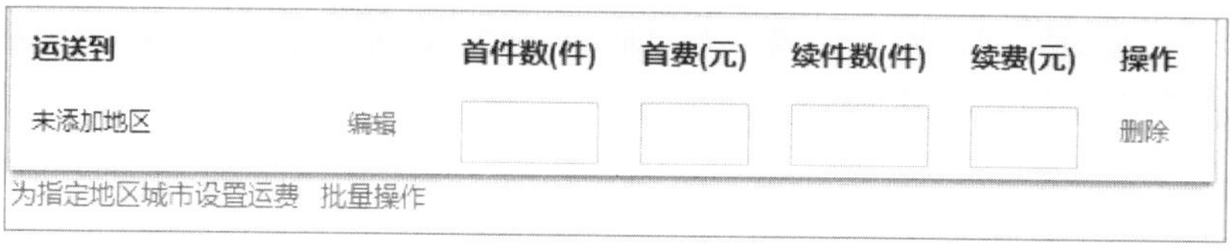

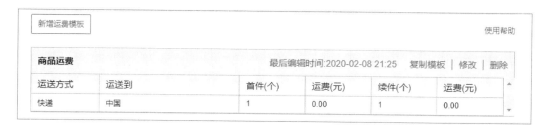

图 7-7　指定地区设置运费页面

新增运费模板
使用帮助
商品运费
最后编辑时间:2020-02-08 21:25
复制模板 | 修改 | 删除
运送方式
运送到
首件(个)
运费(元)
续件(个)
运费(元)
快递
中国
1
0.00
1
0.00

图 7-8　新增运费模板建成页面

(4) 运费模板的使用。运费有两种形式：一种是自定义运费；另一种是卖家承担运费。运费的计价方式有三种，分别为按件数、按重量、按体积，可以根据要求设置。设置好之后，单击“保存”按钮即可。运费模板设置完成之后，发布商品时就可以在运费设置部分选择运费模板。

# 扩 展 阅 读

## 冷链物流

冷链物流(Cold Chain Logistics) 泛指冷藏冷冻类食品在生产、贮藏、运输、销售，到消费前的各个环节中始终处于规定的低温环境下，以保证食品质量，减少食品损耗的一项系统工程。它是随着科学技术的进步、制冷技术的发展而建立起来的，是以冷冻工艺学为基础、以制冷技术为手段的低温物流过程。 中国农产品冷链物流业要想快速发展，国家就必须尽早制定和实施科学、有效的宏观政策。冷链物流的要求比较高，相应的管理和资金方面的投入也比普通的常温物流要大。

冷链物流的适用范围包括：初级农产品，如蔬菜、水果；肉、禽、蛋；水产品、花卉产品等。加工食品，如速冻食品、禽、肉、水产等包装熟食、冰淇淋和奶制品，巧克力，快餐原料等。特殊商品，如药品，它比一般常温物流系统的要求更高、更复杂，其建设投资也要比同类产品大很多，是一个庞大的系统工程。由于易腐食品具有时效性要求冷链各环节具有更高的组织协调性，所以，食品冷链的运作始终是和能耗成本相关联的，而有效控制运作成本与食品冷链的发展是密不可分的。

速冻食品是利用现代速冻技术，在零下 25 摄氏度迅速冻结，然后在零下 18 摄氏度或更低温条件下贮藏并远距离地运输、长期保存的一种新兴食品，常见的有速冻水饺、速冻汤圆、速冻馒头等。速冻食品对贮藏运输条件要求十分严格，必须保证在零下 18 摄氏度以下。专业化、社会化并能不断适应市场变化的速冻食品冷链配送体系目前尚未形成。

生产的鲜奶都需要运至乳品厂进行加工，属于鲜度要求严格的商品，天天都要配送。如果运输不当，会导致鲜奶变质，造成重大损失。为保证质量，鲜奶运输有特殊的要求：为防止鲜奶在运输中温度升高，尤其在夏季运输，一般选择在早晚或夜间进行；运输工具一般都是专用的奶罐车；为缩短运输时间，严禁中途停留；运输容器要严格消毒，避免在运输过程中污染，容器则必须装满盖严，以防止在运输过程中因震荡而升温或溅出。

正因为如此，为了能保证质量，专业奶类企业大都希望自己运输，外包物流的意愿不是很高。即使外包，大多也是部分区域短途配送和路线运输外包，而且对技术和质量的要求比较高。

我国冷链物流发展时机已经成熟，冷链物流不仅能够满足人们对新鲜食品的需求，还能够使食物在运输途中尽量减少损失和浪费。

进入新世纪以来，我国农产品储藏保鲜技术得到了迅速发展，农产品冷链物流发展环境和条件不断改善，农产品冷链物流得到较快发展。随着冷链市场不断扩大，冷链物流企业不断涌现，并呈现出网络化、标准化、规模化、集团化发展态势。在冷链物流行业发展得日益红火时，其优缺点也日益明显。

# 同 步 测 试

## 一、单项选择题

1. 物流是指物品从供应地向接收地的(　　　)流动过程。

　　A. 物品　　　　　B. 商品　　　　　C. 实体　　　　　D. 实物

2. (　　　)就是指为减缓内装物受到冲击和振动，保护其免受损坏所采取的一定防护措施的包装。

　　A. 防震包装　　　B. 防锈包装　　　C. 防虫包装　　　D. 防霉包装

3. (　　　)是为了在流通过程中保护产品，方便储运，促进销售，按一定技术方法而采用的容器、材料及辅助物的总体名称。

　　A. 包装　　　　　B. 物流　　　　　C. 电子商务　　　D. 运输

4. (　　　)是现代包装的四大支柱之一。由于其原料是取自木材、稻草、芦苇等，资源丰富，具有质轻、易加工、成本低、废弃物易回收处理等特性。

  A. 纸包装材料        B. 塑料包装材料

  C. 金属包装材料        D. 木质包装材料

5. ( )是现代使用很广泛的一种包装材料，具有许多优良特性，如气密性好，易于成形和封口、防潮等。

  A. 纸包装材料        B. 塑料包装材料

  C. 金属包装材料        D. 木质包装材料

## 二、多项选择题

1. 按包装在流通过程中的作用，包装可分为( )。

  A. 单件包装      B. 中包装      C. 外包装

  D. 可携带包装      E. 托盘包装

2. 按包装制品材料，包装可分为( )。

  A. 纸制品包装     B. 塑料制品包装     C. 金属包装

  D. 竹木器包装     E. 玻璃容器包装     F. 复合材料包装

3. 防虫包装有( )。

  A. 充气包装      B. 真空包装      C. 收缩包装

  D. 拉伸包装      E. 脱氧包装

4. 运费模板设置中运送方式包括( )。

  A. 快递     B. EMS     C. 平邮     D. 自提

5. 运费模板的运费有( )两种形式。

  A. 快递     B. EMS     C. 自定义运费     D. 卖家承担运费

## 三、简答题

1. 什么是物流？

2. 包装具有哪些功能？

3. 我国物流发展经历了哪四个阶段？

4. 电子商务与物流发挥什么作用？

5. 什么是防锈包装？

## 四、案例分析

### 库存茶叶的保管保养措施

  首先，茶叶必须储存在干燥、阴凉、通风良好、无日光照射，具备防潮、避光、隔热、防尘、防污染等防护措施的库房内，并要求进行密封。

  其次，茶叶应专库储存，不得与其他物品混存，尤其严禁与药品、化妆品等有异味、有毒、有粉尘和含水量大的物品混存。库房周围也要求无异味。

最后，一般库房温度应保持在 15℃以下，相对湿度不超过 65%。

**思考题：**

茶叶包装的注意事项有哪些？

# 项 目 实 训

## 棉花产品物流服务

棉花是棉纺织加工企业的主要原料，占总生产成本的 70%以上。而我国纺织业的高成本中，其中一项就是物流成本。我国棉花装卸搬运作业水平、机械化、自动化程度很低，因而不规范的装卸搬运造成包装的破损率较高。

### 实训目的

熟悉产品物流服务。

### 实训内容

(1) 安排学生熟悉所学内容。

(2) 结合所学知识，讨论如何降低棉花物流的破损率，并列举所需物流服务的要求。

(3) 撰写实训报告，由教师给出相应的分数。

### 实训要求

| 训练项目 | 训练要求 | 备　注 |
| --- | --- | --- |
| 掌握产品包装相关知识 | 通过对降低棉花物流破损率的讨论，使学生对产品包装的基础知识与作用有更深刻的认识 | 考查学生对产品包装基础知识的掌握 |
| 掌握物流服务相关知识 | 通过对棉花物流相关内容的实训，使学生对电子商务与物流服务有更深刻的认识 | 考查学生对物流基础知识的掌握 |

# 课 程 思 政

商品包装和物流是网店经营与管理的重要环节。在商品包装和物流方面要注重以下几点：首先，注重弘扬中华民族优秀传统文化。在商品包装方面，充分利用中国元素，注重体现民族文化特色，弘扬中华民族优秀传统文化；在沟通中，要讲文明懂礼貌，热情周到，尊老爱幼，体现中华民族的传统美德。其次，在包装设计中，要注重绿色、健康的理念，采用可持续发展的原材料或绿色包装材料，强调绿色、生态文明建设的重要性；在包装材料方面，注重采用安全、健康的包装材料，网店要销售安全、健康、可靠的产品。再次，注重包装与品牌的一致性，树立产品形象。在商品包装和物流方面要充分考虑到产品形象的规范化和统一化，与网店的定位和市场形象相一致，塑造优良的网店形象，提升产品的知名度和竞争力，提高服务水平，满足市场需求。

# 第8章 网店客服

【知识目标】

● 了解客服人员应具备的基本素质。

● 掌握售前、售中、售后的客服工作内容。

【技能目标】

掌握客服售前、售中、售后的销售技巧。

【引导案例】

王小姐在一家店铺购买了很多化妆品，她和客服沟通是否可以赠送赠品。

王小姐：我买了这么多东西，能不能送我一个护手霜？

客服：可以的，我可以给您赠送一支 30 元以下的护手霜。

王小姐收到包裹后，发现不仅有之前说好的赠品，还额外赠送了一只腮红刷。王小姐很高兴，在宝贝评价区拍照发图分享自己的喜悦。

(资料来源：https://www.taobao.com/)

案例分析：

结合案例分析，客服的做法是否合适。

【知识要点】

## 8.1　客服人员应具备的基本素质

### 8.1.1　电商客服岗位的道德素质要求

电商客服应具备以下四项道德素质。

#### 1. 诚实守信

言不信者，行不果。在与客户进行交流时，客服人员需要做到诚实守信。只有真诚服务，不失信于人，才能赢得客户的信任。

诚实，即可以委婉表达，但绝不能有欺骗。

守信，即作出承诺后，一定要兑现。

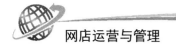
### 2. 团结互助

团结互助意识是客服人员的一项基本职业素养。售前客服、售中客服、售后客服的组成与发展并不是一个人的单打独斗，而是整个团体的共同奋战。这就需要团队中的个体都遵循共同的规章、共同的工作目标，在工作中能协同合作、团结一致。在工作中为了达到共同目的，每个人都在团队中发挥着不可替代的作用。而在遇到工作中的失误时，要擅长以团队的力量去解决问题，在工作中的收获与感悟也要及时与团队进行分享。

### 3. 顾客第一

客服人员需要以顾客为中心，通过让客户满意而获得企业盈利，这是一种以消费者的需求为导向的营销观念。一方面它要求客服人员要解答客户的各种疑问；另一方面也要满足客户个性化的需求，以其丰富的经验，探索全新的方式，给予客户最好的购物体验。以客户为中心的经营理念对客服人员的服务方式有严格的要求，切忌冷漠，要以热情饱满的态度来迎接每一位顾客，尽自己最大可能让客户感受到其"上帝"地位，竭尽全力让客户满意。每个客户都是不同的个体，不能笼统地对所有客户进行同一种服务，而是要重视客户的个性特征。所以客服人员应该给不同的客户提供不同的服务，以增强客户的满意度，为客户创造更好的购物体验。

### 4. 爱岗敬业

爱岗是指对自己的岗位工作尽忠职守，这是每个工作岗位的基本要求，也是职业道德的基本要求。这要求客服人员热爱自己的工作，安于自己的工作，恪尽职守地做好本职工作。

敬业是指尊重自己的岗位，认真对待自己岗位的各项工作，具有责任心和奉献精神。

爱岗敬业是职业道德中的基本要求，不管是客服人员还是企业的其他岗位工作人员，都应做到爱岗敬业。

## 8.1.2　电商客服岗位的职业素质要求

电商客服应具备以下三项专业素质。

### 1. 良好的语言表达能力

无论是语音客服还是在线客服，语言、文字都是客服与客户沟通的主要工具。掌握语言中的语速、语气、音量的巧妙运用，可以给客户带来更优质的服务体验。正确的服务用语应该是自然、清楚、明确、积极、让客户感觉舒服的。避免使用负面的语言，如"我不清楚""我不知道""我不能"等。

### 2. 丰富的专业知识

专业知识是对特定岗位的知识要求。比如，咖啡类企业的客服人员需要具备相应的咖啡知识，服饰类企业的客服人员需要对服装材料、尺码、搭配有一定了解。只有具备专业知识，客服人员才能准确回复客户的咨询，恰当处理客户反映的问题。如果客户向客服进行产品咨询，而客服对自己店铺的商品信息不了解、不熟悉，客户会认为客服不专业，并且对企业也留下负面的印象。

### 3. 打字速度

打字速度快是电商客服的一项必备技能。在线客服需要通过文字与客户进行交流，如果此时客服打字速度过慢，会让客户等待时间过长从而失去耐心，进而造成客户流失。

## 8.1.3 电商客服岗位的心理素质要求

电商客服人员应具备以下四项心理素质。

### 1. 处变不惊

对客服人员来说，处变不惊是一种非常重要的心理素质，是对突发事件冷静、有效处理的应变能力。作为一名客服人员，每天需要面对很多不同的客户和不同的服务事件，有时候可能会遇到一些自己从来没遇到过的难以接受的事情。比如，电话客服有时会遇到语言不同的客户、售后客服会遇到一些情绪激动的客户等。

例如，客服接到某个客户的投诉，该客户情绪非常激动，且说话不好听。这个时候，作为客服人员应该怎么办？有些客服人员可能一下就蒙了，因为从来没有遇到如此没有礼貌、不讲理的客户。新的客服往往会不知所措，而经验丰富的客服则会稳妥处理，这就是处变不惊的心理素质。

### 2. 承受挫折

作为客服人员不仅要积极乐观，还要能够承受挫折。因为在实际工作中，可能会遇到客户的误解等情况。

例如，某淘宝店铺的客服人员接待了一位客户，他脾气很差，对客服进行了辱骂。这时就需要客服人员具有一定的承受挫折的能力，不能因为这件事而影响自己的心情和后面的工作，同时还要为该顾客解决好问题，力求使该顾客满意。很多客服人员，尤其是处理售后的客服人员随时可能会面对客户的误解。因此客服人员需要具备较强的承受能力，调节自己的心态，这样才能乐观、高效地工作和生活。

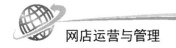

### 3. 控制情绪

控制情绪是指我们对自己情绪的掌控和调节。

例如，某客服人员刚上班就被一个客户骂了一顿，因此一整天心情都非常糟糕，更没心情面对接下来的工作。这就需要客服学会控制情绪，及时控制、调整自己的不良情绪，而不能因为一些不愉快的口角影响接下来的工作。所以，客服人员要学会控制情绪。

### 4. 调节压力

压力是我们对内在、外在事件的心理反应和生理反应，任何对人们的心理、生理健康的干扰都属于压力。客服人员的压力主要来源于三个方面：客户、公司、自身。

客服每天需要面对不同性格、不同问题的客户，如果在服务过程中和客户发生纠纷、遭受客户的语言攻击等，就会让客服感到压力；公司的部门竞争、培训学习、工作安排等，也会给客服人员造成压力；客服自身的职业规划、职业预期等因素，同样会让客服人员感到压力。

客服人员在工作中承受着较大的工作压力，合理调节工作压力不仅可以帮助客服提高工作效率，还有利于客服人员自身的身心健康。

【同步阅读 8-1】

#### 电商客服岗位职责

1. 工作内容

(1) 网店日常销售工作，为顾客导购；负责解答客户咨询，促进交易的达成。

(2) 售前支持：产品介绍，引导说服客户达成交易；

(3) 售中跟踪：客户订单确认、发货、物流状态跟进；

(4) 售后服务：客户反馈问题处理，退换货、投诉处理等；

(5) 负责公司客户服务电话接听、反馈、后期跟进处理；

(6) 负责产品上下架、价格及库存修改；

(7) 负责旗舰店分销商的招募及管理；

(8) 负责定期维护客户关系，促进互动并促成再次销售；

(9) 通过聊天工具与客户沟通，了解客户需求，妥善处理客户投诉，保证客户满意；

(10) 完成领导安排的其他工作。

2. 要求

(1) 打字速度快，能同时为多个人的提供咨询服务。

(2) 工作主动热情，仔细耐心，思维灵活，沟通能力强，有良好的应变能力，熟悉各大平台的买卖操作流程；

(3) 能及时回复客户，提供售前、售中、售后服务。熟悉公司产品，能熟练解答客户提问，推介产品，促进销售订单生成等。

# 8.2　客服人员的具体工作内容

## 8.2.1　客服售前的工作内容

### 1. 与客户沟通的原则

唯有做好自己，热情有度，不断积累总结经验，练就自己良好的素质与沟通能力，才能做好客户服务。

在网店经营中，客服与客户虽然不能直接面对面，但在与客户打交道的时候，必须更加注重自身的服务质量；否则，客户流失的速度会比实体店还要快。实体店面中有效地处理客户关系的基本方式也可以作为网上开店经营模式的一种借鉴，具体如下。

(1) 谦虚有礼。"礼貌先行"是交朋结友的先锋。俗话说："要想得到别人的尊重，首先要尊重别人。"在与客户沟通时要给客户留下良好的印象，客户才愿意与你沟通，所以，客服必须表现得谦虚有礼、热情有度。

如在最常用的工具——旺旺交流中，在回复第一次来店里的客户的第一句话时，用语要客气，可添加表情，如一个笑脸或一朵玫瑰花等；如果需要暂时离开旺旺，则要设置好旺旺留言信息，并且要留言会尽快回来回复；回来后要第一时间回复客户，表达歉意，并感谢客户的耐心等待。

(2) 善于聆听。要想成为一位沟通高手，首先要学会聆听。在客户提问的过程中，不要打断客户，对于客户的发问要及时、准确地回答，认真地听客户说话，善于理解与沟通，充分尊重客户。同时，倾听可以使客户更加愿意接纳客服的意见。了解领会客户的需求，然后为客户提供相应的服务，从而提高客户的满意度。

(3) 尊重客户。得到别人的尊重在人的需求中具有较高层次，客户的购物过程是一个在消费过程中寻求尊重的过程。客户对于网上购物活动的参与程度和积极性很大程度上依赖其受到的尊重程度。只有出于对客户的信任和尊重，永远真诚地视客户为朋友，给予客户"可靠的关怀"和"贴心的帮助"，才是面对客户的唯一正确心态，才能赢得客户。

想让客户满意，不仅要被动式地解决客户问题，更要对客户的需要、期望和态度有充分的了解，把对客户的关怀纳入自己的工作和生活中，发挥主动性，提供量身定做的服务，真正满足客户的被尊重感和自我价值感，不仅要让客户满意，还要让客户超乎预期地满意。

用耐心、真心、诚心打动客户，提供认真热情、细心周到的服务，让客户感到温暖、

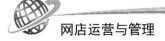

愉悦,促使他们再次光顾。

客服始终要坚持客户至上的原则,以百分之百的细心、耐心、诚心做好每笔交易,让每位客户都有宾至如归的感觉,从而可以开心愉快地购物,这样创造回头客的概率就会增加,同时也会带来更多的效益。

(4) 理性沟通。在网上开店会遇到各种各样的客户:有的过于挑剔,问好几天也问不完;有的对客服不太尊重,连问话都是质问式的;有的拍下就消失,等等。这些都有可能在沟通中让客服的情绪爆发。如果客户的行为真的让人很生气,那么客服此时需要的是理性与冷静。不理性只会产生争执,不会有结果,更不可能有好结果。

在有情绪时不要做出决定,因为带有情绪的沟通常常无好话,既理不清,也讲不明,还很容易使人作出情绪性、冲动性的决定,导致事情不可挽回,令人后悔。

### 2. 分析客户的购买心理

如果店铺里销售的商品能满足客户的需求,成交的概率就会大增。要想使销售量大增,还必须将客户的心理摸透,这样才能"对症下药"。从购买动机来看,可以将客户的购买动机归为两大类:理智动机和感情动机。

1) 理智动机

(1) 适用。适用即求实心理,是理智动机的基本点,即立足于商品的最基本效用。客户在选购商品时不过分强调商品的美观悦目,而以朴实耐用为主。在适用动机的驱使下,客户偏重商品的技术性能,而对其外观、价格、品牌等的考虑则在其次。

(2) 经济。经济即求廉心理,在其他条件大体相同的情况下,价格往往成为左右客户取舍某种商品的关键因素。折扣券、拍卖之所以能牵动千万人的心,就是因为其抓住了客户的"求廉"心理。

(3) 可靠。客户总是希望商品在规定的时间内能正常发挥其使用价值,可靠在实质上是"经济"的延伸。名牌商品在激烈的市场竞争中之所以具有优势,就是因为其具有上乘的质量。所以,拥有远见的商家总是会在保证质量的前提下打开产品的销路。

(4) 安全。随着科学知识的普及、经济条件的改善,客户对自我保护和环境保护的意识增强,对商品安全性的考虑正越来越多地成为客户选购某款商品的动机。"绿色产品"之所以具有十分广阔的市场前景,就是因为其迎合了客户的这一购买动机。

(5) 美感。爱美之心人皆有之。有些客户在选购商品时不以使用价值为宗旨,而更注重商品的品格和个性,强调商品的艺术美。

(6) 使用方便。省力省事无疑是人们的一种自然需求。商品,尤其是技术复杂的商品,使用快捷、方便将会使其受到客户青睐。只需按一下的"傻瓜"照相机和许多使用方便的商品之所以在市场上走俏,正是因为其迎合了客户的这一购买动机。

（7）售后服务。产品质量好是一个整体形象，有无良好的售后服务往往成为左右客户购买行为的关键。为此，提供详尽的说明书进行指导、及时提供免费维修、提供产品质量保险等服务也成为商家获得客户的主要方式。

2）感情动机

感情动机不能简单地理解为不理智动机，它主要是由社会的和心理的因素所产生的购买意愿和冲动。感情动机很难有一个客观的标准，但大体上来自下述心理。

（1）好奇心理。所谓好奇心理，是指对新奇事物和现象产生注意与爱好的心理倾向，或称为好奇心。古今中外的消费者，在好奇心理的驱使下，大多喜欢新奇的消费品，以寻求商品新的质量、新的功能、新的花样、新的款式。

（2）求新心理。消费者在选购商品时尤其重视商品的款式和眼下的流行样式，追逐新潮，而对于商品是否经久耐用、价格是否合理则不大考虑。

（3）从众心理。女性在购物时最容易受别人影响。例如，许多人正在抢购某种商品，她们也极有可能加入抢购者的行列。或者她们平时就特别留心观察她人的穿着打扮，别人说好，她们很可能也就下定决心购买；别人若说不好，他们则很可能就会放弃。

（4）攀比心理。消费者在选购商品时，不是由于急需或必要，而是仅凭感情的冲动，存在偶然性的因素，总想比别人强，要超过别人，以求得心理上的满足。比如，人家有了大屏幕彩色电视机、摄像机、金首饰，自家没有，就不管是否需要、是否划算，也要购买。

（5）炫耀心理。消费者在选购商品时，特别重视商品的威望和象征意义。商品要名贵，牌子要响亮，以此来显示自己地位的特殊，或炫耀自己能力的非凡。这种心理多见于功成名就的高收入阶层中，也见于其他收入阶层的少数人中。他们是消费者中的尖端消费群，其购买行为倾向于高档化、名贵化、复古化，几十万乃至上百万元的轿车、上万元的手表等商品正迎合了消费者的这种心理。

（6）尊重心理。客户是商家的争夺对象，理应被商家奉为"上帝"。如果服务质量差，那么即使商品本身质量好，客户往往也会弃之不顾，因为谁也不愿花钱买气受。因此，客服应该真诚地尊重客户的经济权利，有时哪怕商品价格高一点，或者质量有不尽如人意之处，如果客户感到盛情难却，也会乐于购买，甚至会产生再次光顾的动机。

仔细分析客户的心理需求，察觉到客户想要什么，然后投其所好，便能大大激发客户的购买欲望。

**3. 客服介绍商品的技巧**

（1）能够详细介绍商品信息。客户在购买商品时希望能够得到有关商品的全套知识与信息，那么，客服就需要向客户介绍商品相关的知识。只有客服向客户详细介绍商品的信息，客户的服务体验才会提升，客户的购买可能性也会提高。

(2) 能够突出商品卖点。商品的卖点是指商品对客户来说的价值点。同样的商品对不同的客户来说其卖点也有所不同。例如有的客户关注价格，那么商家就可以针对这部分客户进行价格优惠方面的宣传；有的客户关注功能，商家则可以针对这部分客户进行商品功能方面的宣传；有的客户关注商品的外形，商家则可以针对这部分客户进行商品外形方面的宣传。客服在介绍商品的卖点时，需要了解客户对商品的需求和关注点，给不同的客户介绍不同的商品卖点，而不是向所有客户都只介绍同一个卖点。客服人员认为是卖点的地方，有时却不是客户所关注的。

(3) 能够合理表达商品的优缺点。每个商品都具有其自身的优点和缺点，客服人员在向客户介绍商品信息时，需要合理表达商品的优缺点。客服人员如果拒绝说出商品的缺点，就会让客户对商品和客服人员产生怀疑。但是若客服人员通过与其他品牌的同类型商品做对比，列出商品的主要特点，合理表达出商品的缺点，并且说明这个缺点不影响正常使用，让客户放心购买，这样则更容易打动客户。

(4) 能够在倾听客户的需求后应答。有些客服人员在和客户交流的前期就滔滔不绝地介绍公司的实力和规模，以及商品的质量；也有些客服人员，在争先恐后地陈述、解释，甚至争辩，却将客户的问题抛于脑后，丝毫没有倾听客户需求的意识。有经验的客服人员会尽量让客户表达要求，了解客户的意图和需求，帮客户排忧解难，从而更好地满足客户，提供优质的服务。

(5) 能够推荐多款商品供客户选择。客户在购买商品时，客服人员可以根据客户的咨询、购买情况，适当地向客户推荐几款商品供客户选择。例如，客户购买了字帖，客服人员根据客户的购买情况，给客户推荐了练字笔，这种搭配商品推荐，可以提高店铺的销售额。

### 4. 做好售后、包装、物流服务

在购买商品的过程中，大多数客户经常会心存疑虑，这时，客服应该主动发现客户的疑虑，并打消客户的疑虑。在交易过程中，打消客户的疑虑是非常重要的，只有当客户对你的商品或服务能够相信，没有任何疑虑时，沟通才是成功的。

(1) 做好售后服务。开网络店铺，我们不仅要出售高品质的商品，更重要的是保证一流的售后服务。每家店铺所出售的商品都不一样，但或多或少都会涉及售后服务。客户可能存在对于售后服务的疑虑，客服可以采取售前告知的方式来打消客户的这种疑虑。这种在售前将信息告知客户的方式主要有以下两种。

第一种售前信息告知方式是在沟通的时候将售后信息直接告知客户。大部分客户在决定购买一件商品前总会有一些疑虑，一般会通过千牛向客服咨询。在客户咨询过程中，客服要向客户传达店铺的售后信息，这样客户会更容易接受。

第二种售前信息告知方式是在商品描述页面或店铺的其他页面中将售后信息公布出来。在店铺中公布售后信息后，不仅可以传达给客户一种信息——我们有健全的售后制度，让客户产生信任感，而且这种信息也会随着交易的达成而成为一种承诺，让客户对店铺产生进一步的信赖感。

（2）做好商品包装。网上购物需要通过物流运输，客户才能最终拿到商品。包装是物流运输中必不可少的环节。商品在运输途中难免会磕磕碰碰，质量差的包装容易在运输过程中破裂而导致商品损坏，所以会有很多客户对这一环节极不放心。通过在商品描述页面中添加包装信息，清楚地告知商品的包装过程，以及防压抗震的包装设计，打消客户对包装的疑虑。

当客户拿到商品时，最先看到的就是包装，所以要给客户留下一个非常好的印象，减少他们挑毛病的机会——首先就要包装好商品。美观大方、细致入微的包装不但能够保护商品，而且能够赢得客户的信任。

（3）做好物流服务。选择一家好的物流公司对店铺来说很重要，如何选择物流公司成为新店铺成长为皇冠店铺路上重要的一步。不管采用什么运输方式，我们要更多地考虑安全方面的问题。不管是买方还是卖方，都希望通过一种安全的运输方式把货运到，如果安全性得不到保障，就会引发一连串的问题，并且还会影响店铺的生意和信誉。

如何选择一家可以令客户和客服都放心的物流公司呢？既可以选择客服所在地口碑和服务最好的物流公司，也可以直接选用淘宝网推荐的物流公司。目前与淘宝网合作的物流公司有申通、圆通、中通、汇通、韵达、天天快递、中铁快运、德邦、佳吉、联邦速运、EMS 宅急送、港中能达等。

## 8.2.2　客服售中的工作内容

### 1. 客户下单的必要条件

（1）满足客户的需要。越能满足客户最近的、最强烈的需要，就越有可能成交。成交的机会往往与客户需要的强度成正比。

（2）客户产生购买欲望。客户有了需要，就会产生购买欲望；有了购买欲望，才能唤起客户的购买行为。

（3）客户必须对商品有所了解。当客户有了某种需要后，还要具体了解我们的商品能否满足他的需要。客户一般不会在自己还不了解商品时就购买，这也是进入成交阶段的基础。客服可以通过提问来分析客户是否了解店铺里的商品，是否愿意成交。如果客户还没有充分了解商品，那么他自然会毫不客气地拒绝成交的建议。

（4）客户的信任。客户的信任也是达成交易的必不可少的条件之一。没有这种信任的态度，不管你的商品多么吸引人，客户都会动摇。因为客户更多考虑的是购买的商品使用后的效果，如果不能给客户提供可靠的信誉保证，那么客户是不会轻易拍下并购买的。

(5) 抓住重点，解决关键问题。影响客户作出购买决定的因素往往会集中在一两个重点问题上。客服应及时抓住这一两个重点问题，努力说服客户，有针对性地打消客户的疑虑。这一两个重点问题解决了，客户的态度就明朗了，交易也就达成了。这是一种极其有效的方法，这样做还可以缩减洽谈内容、压缩洽谈时间、提高工作效率。

(6) 排除异议。客户异议表现在多个方面，如价格异议、功能异议、服务异议、购买时机异议等。有效地排除客户异议是达成交易的必要条件。一位有经验的客服在面对客户争议时，既要采取不蔑视、不回避、注意倾听的态度，又要帮助客户解决问题。

(7) 必须了解客户。客户感兴趣的是什么？他会提出什么样的反对意见？客户为什么会作出这样的购买决定？先了解清楚这一切，然后针对客户的情况寻求相应的对策，促使客户尽快作出购买决定。

即使客户拒绝购买，也不应该放弃努力。成功交易诚然是网上开店的直接目的，但这并不是一锤子买卖，这次没达成交易，保持良好的关系，以后还可以洽谈。从长远来看，一切事物都处在变化中，今天他什么都没买，以后却可能成为你的大客户。

### 2. 向客户介绍商品的原则

客服向客户介绍商品的关键就是了解商品，满足客户需要。这就要求客服从一开始就要熟悉商品的功能和说明，从客户的角度出发，为客户着想，再理性分析，站在专业的角度为客户挑选合适的商品。

(1) 一切从客户的角度出发。客服要考虑到客户的观点或行为所存在的客观理由，即设身处地地为客户着想。客服一定要以真心、诚心作为服务宗旨，这是维护良好客户关系的基础。与客户的交易一定要追求双赢。在交易时要注意，不要把对客户没有用或并不适合客户的商品介绍给他，也不要让客户花多余的钱，要尽量减少客户不必要的开支。即使交易没有成功，也会为自己收获一个潜在客户。

只有从客户的角度出发，才能理解客户的真正需求，找到问题的真正原因，也才能为客户设身处地地解决问题，理解客户的想法，帮助客户作出决策。

(2) 积极取得客户的信任。只有在客户相信客服之后，他才会正确地、友好地理解客服的观点和理由。社会心理学家认为，信任是人际沟通的"过滤器"。只有对方信任你，才会理解你友好的动机；否则，即使你说服他的动机是友好的，也会经过"不信任"的"过滤器"而变成其他意图。因此，在说服客户时取得客户的信任对客服来说是非常重要的。

从客户的角度出发，站在客户的立场上考虑问题，是取得客户信任的前提。只有这样，才能想客户之所想、急客户之所急，最终赢得客户的信任。

### 3. 促成交易的几种方法

(1) 优惠成交法。优惠成交法又称让步成交法,是通过提供优惠条件促使客户立即购买的一种方法。这种方法主要利用客户购买商品的求利心理,通过销售让利使交易达成。这种方法能够增强客户的购买欲望,融洽买卖双方的人际关系,有利于双方长期合作。

这种方法尤其适用于销售某种滞销品,以减轻库存压力,加快存货周转速度。但是,采取优惠成交法,通过让利来促成交易,必将导致销售成本占比上升,如果没有把握好让利尺度,则还会减少销售收益。

(2) 从众成交法。从众成交法,是客服利用客户的从众心理,促使客户立刻购买商品的一种方法。在运用此方法前,必须分析客户类型及其购买心理,有针对性地适时采用,积极促使客户购买。

从众成交法利用了客户的从众心理,可简化客服劝说的内容、降低劝说的难度,但不利于准确、全面地传递各种商品信息,对于个性较强、喜欢表现自我的客户往往会起到相反的作用。

(3) 赞美肯定成交法。赞美肯定成交法是客服以肯定的赞语坚定客户的购买信心,从而促成交易的一种方法。在网络交易中,可以运用一些赞美的表达,让客户在购物的过程中不仅能买到自己中意的宝贝,也能收获一份好心情。更重要的是,这会让客户更加喜欢我们的店铺,加深对店铺的印象。如果客户对商品满意,那么他最终会成为我们最忠实的客户。

(4) 用途示范成交法。在向客户介绍商品时,免不了要介绍商品的用途,但这并不意味着仅仅罗列商品的用途,还需要进行演示。例如,利用摄像头现场示范或者拍摄一些视频短片,往往会加深客户对商品的印象,使客户获得一种安稳的感觉,增加他们对商品的信任感,这样,客户一方面已经心动,另一方面体会到了商品的特点,就会毫不犹豫地购买。

## 8.2.3　客服售后的工作内容

### 1. 处理客户投诉的基本原则和策略

1) 处理客户投诉的基本原则

如果客户对店铺进行了投诉,那么除了表明客户对店铺寄予厚望与信任,也说明店铺在业务能力方面仍存在需要改进的地方。客户的抱怨与投诉越多,说明店铺存在的缺点越多,而客户投诉的地方正是店铺做得不够好的地方。因此,客户的投诉是宝贵的信息,它可以指导客服更好地为客户提供优质服务。

任何一家店铺在为客户提供服务的过程中，都难免会因服务质量、商品质量及售后服务等而接到客户的投诉，因此，正确地处理客户投诉已经成为店铺经营管理中的重要内容。下面给出处理客户投诉的几个原则。

(1) 要有"客户始终正确"的观念。只有有了这种观念，才会用平和的心态来处理客户的投诉。

(2) 保持心态平和，就事论事，保持主动、关心、友善与乐于助人的态度。

(3) 应该认识到有投诉和不满的客户是对店铺有期望的客户。

(4) 认真听取客户的投诉，确认事情发生的真正原因。

(5) 对于客户的投诉行为应该给予肯定、鼓励和感谢。

(6) 对细节进行记录，感谢客户反映的问题。

(7) 掌握问题的核心，提出解决方案并予以执行。

(8) 总结客户的投诉，妥善处理得失。

2) 处理客户投诉的策略

在网店经营过程中，可能会接到客户各种各样的投诉，如果不能正确地处理客户投诉，那么将给店铺带来极大的负面影响。一定要积极地回应客户的投诉，适当地对客户作出解释，以消除客户的不满，并让他们传播店铺的良好名声，而不是负面的消息。处理客户投诉的策略主要有以下几种。

(1) 重视客户的投诉。客户投诉不仅可以增进客服与客户之间的沟通，而且可以诊断店铺的内部经营与管理所存在的问题，进而改进店铺的经营与管理。

(2) 及时道歉。当出现客户投诉事件时，客服必须主动向客户道歉，让客户知道因为给他带来不便而感到抱歉。即使不是客服的过错，客服也要在第一时间向客户道歉。

(3) 倾听客户的诉说。客服应以关心的态度倾听客户的诉说，然后用自己的话把客户的投诉重复一遍，确保已经理解了客户投诉的问题所在，并且对此与客户达成一致。如果有可能，则要告诉客户自己会想尽办法来解决他提出的问题。面对客户的投诉，客服应掌握聆听的技巧，从客户的投诉中找出客户抱怨的真正原因，以及客户期望的结果。

(4) 履行承诺。客服在处理客户投诉时，应该在适当的时机作出承诺，这对于化解客户怒气、安抚情绪、消除不满都是非常有用的，但是一定要履行自己的承诺。客服作出承诺要把握好时机，一般在稳定客户情绪和提出解决方案时作出承诺。要谨慎承诺，不要承诺办不到的事情。同时也要信守承诺。

(5) 正确、及时地解决问题。对于客户的投诉应该正确、及时地进行处理，拖延时间只会使客户的不满情绪变得越来越强烈。例如，客户投诉商品质量不好，客服通过调查研究发现，主要原因在于客户使用不当，这时应及时通知客户维修商品，并告诉客户正确的使用方法，而不能简单地认为与自己无关，不予理睬。如果经过调查，发现商品确实存在问题，则应该给予适当的赔偿，并尽快告诉客户处理的结果。

处理客户投诉的最重要的环节就是提出解决方案。客服应该先对当前的情况进行评估，然后提出合理、可行的解决方案，争取让客户满意；也可以同时提出两个或多个解决方案，供客户选择。

(6)　征求客户意见。客服在提出解决方案时，要征求客户的意见，等客户同意后再作决定。需要注意的是，客服在征求客户的意见时，语气一定要委婉，让客户体会到是自己在行使决策权，同时认为这是最好的解决方案；否则，即使合理的解决方案，也可能因为客服的托大而使客户发怒，从而激化矛盾。

(7)　记录客户投诉与解决的情况。对于较复杂的事件，客服需要详细询问客户问题发生的缘由与过程，详细记录事件发生的时间、人物、经过等细节内容，理解客户的心情，并告知客户确切的回复时间。在处理客户投诉时，如果发现是商品质量问题，则应该及时通知厂家；如果是服务态度与沟通技巧问题，则应该加强对客服的教育与培训。

(8)　追踪调查客户对于投诉处理的反应。在处理完客户的投诉之后，应与客户积极沟通，了解客户对于投诉处理的态度和看法，增加客户对店铺的忠诚度。

### 2. 处理好中、差评

1)　把握好每个细节，最大限度地避免中、差评

在网上购物的人越来越多，随着交易量和交易人数的急剧增长，也有越来越多的交易纠纷出现。下面介绍预防淘宝差评的方法。

(1)　在发布商品前先仔细核对商品价格，最好在宝贝描述里再提一下具体价格，做到双保险。

(2)　商品介绍要详细准确，品牌、材质、生产地区、生产日期等要标注，并且要完善和提高服务。

(3)　务必在店铺公告、介绍或者宝贝描述里注明注意事项，这样有助于客户购买和使用。

2)　遇到中、差评如何处理

网店卖家都很关心自己的信用度，因此对客户的评价也越来越敏感，总希望客户给出的评价永远是好评。一般而言，只要交易比较顺利，客户还是愿意给予好评的。但是在网店经营中，难免会碰到一些挑剔的客户给予中、差评。作为卖家，莫名其妙地得到一个中、差评，会觉得冤屈。那么，如何面对中、差评呢？这就是卖家必须考虑的问题了。

(1) 反思。碰到非好评，卖家首先应该自我反思，检查自己在交易过程中是否犯错、服务是否周到，而不要先寻找借口为自己开脱。如果反思过后发现自己确实有工作不到位的地方，就要吸取教训，并在以后的工作中逐渐改善。如果发现是客户的误解，那么最好发信息给客户，向他说明事实真相，但千万要注意用词，不要因为占理而口无禁忌。

(2) 千万不要生气。如果卖家诚信经营，发生问题也能与客户认真地沟通，就应该坦然地面对非好评。倘若你的工作已经到位了，但客户还是说三道四的，千万不要为此生气，更不要说一些难听的话。不如把时间和精力集中到工作上，努力争取其他好评。如果碰到恶意评价，则可以选择向网上交易平台投诉。

(3) 及时回复。在客户给出评价以后，卖家的及时回复尤为重要。及时回复不仅能让客户觉得卖家重视他们，而且卖家也能及时解决客户给出的不良评价。

(4) 客观解释。遇到问题时，客服应先针对出现的问题给出合理的解释，如果卖家对这些问题既不理不睬，也不给出解释，那么其他客户怎么能相信你的商品不会再出现类似的问题呢？所以，应该谦虚诚恳地改正自己的错误，遇到误会，应该向客户作出合理的解释，并且争取客户的原谅、理解与支持。

3) 如何说服客户修改中、差评

现在淘宝网上的生意越来越难做，信誉度是中小卖家的重要竞争因素之一。大部分客户都是抱着在淘宝网上能买到便宜东西的心态而来的，倘若买到的东西没有达到客户的预期，心理落差是可想而知的。中、差评是网上开店过程中不可避免的情况，很多中、差评是由误会引起的，首先得想方法设法去解决，只要卖家愿意用心处理中、差评，积极与客户沟通，是可以良好处理中、差评的。

卖家在收到中、差评时，不应盲目地抱怨甚至投诉客户，这样会激怒对方，使问题没有解决的余地。如果卖家确实存在过错，则应诚恳地向客户道歉，承认工作上的过失，并提出补救措施。在与客户达成一致意见后，卖家可以提出自己的要求，如："我有一个小小的请求，您能否修改一下评价？真的很感谢您为我们提出了很好的建议和意见，希望以后多多合作。"通常客户也不会因为一点小事伤了和气，都会同意修改评价。

### 3. 如何预防退货

退货也是每个商家必须面对的一个重要问题。那么，商家应该如何预防退货，使得退货损失最小化呢？

(1) 制定合理的退货政策。对于退货手续、退货费用分摊、退货货款回收及违约责任等方面应制定一系列标准，利用一系列约束条件平衡由此产生的成本。

(2) 加强验货手段。对进货等各个环节要加强验货手段，尽可能在发货前发现商品上的诸多缺陷。

(3) 引入信息化管理系统。如果管理仅依靠手工和大脑，则无法准确、及时地把握商品管理的每个细节。在淘宝网上，皇冠级以上的卖家都引进了客户管理系统，只要客户报上名字或者会员号，就可以查看该客户具体的消费情况，甚至很多皇冠级卖家都有自己的自动化退换货系统。

(4) 采取"少进勤添"的进货方式，提高进货质量，把握好进货种类。加强对每日销量的监测，不要一次进太多货，合理、高效地安排供货、少进勤添，减少盲目进货，千万不要贪图因为进货量大而得到的低价格。如果销售不出去，资金周转不了，那么情况会更糟糕。

# 扩 展 阅 读

## 如何做好电商客服

曾经的我有过做客服是没有前途的这种想法，我是学电子商务的，在校的时候也曾做过一段时间的淘宝客服，那时候觉得客服真的很简单，每天只需要回复买家的询盘就好了，认为只要会打字就可以做好这份工作。可是，真的是这样的吗？现在的我是一名客服，当我真的深入了解到客服这份工作之后，我之前的想法就全部消失了，客服真的没前途吗？不是的，什么工作都是有前途的，关键在于你做得好不好而已。客服真的只需要打打字就可以做好的吗？不是的，一个好的客服是需要有自己的想法的，为什么有的人可以做到让买家专门为他打电话，就是因为他能让买家感受到是一个有温度、有感情的人在回复自己的问题，而不是一个只会一问一答的人工智能客服。

在做客服的这段时间里，我总结了一下客服需要做的事以及需要注意的事项：①为自己的老客户作好备注，经常联络感情，及时回访客户的购物感受，给客户一种朋友的感觉；②在面对新客户的时候要体现自己的专业性，给客户一种很靠谱的感觉；③及时和运营沟通好店铺有哪些活动，商品价格变化要及时了解，绝对不能出现客户一问三不知的情况，这样的话客户会觉得这家店铺很差劲；④关于客户退换货的处理要及时，就算客户不满意自己店铺的东西，也要给客户一种服务很好的感受，增加客户对店铺的好感，促使客户下次来买其他的东西。

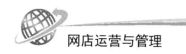

# 同 步 测 试

## 一、单项选择题

1. 售前客服的工作内容是( )。

    A. 为顾客导购                 B. 产品介绍

    C. 客户订单确认            D. 客户反馈问题处理

2. 售中客服的工作内容是( )。

    A. 为顾客导购                 B. 产品介绍

    C. 客户订单确认            D. 客户反馈问题处理

3. 售后客服的工作内容是( )。

    A. 为顾客导购                 B. 产品介绍

    C. 客户订单确认            D. 客户反馈问题处理

4. 打字速度是电商客服的一项必备技能，对吗? ( )

    A. 对              B. 错

5. 包装是物流运输中必不可少的环节，对吗? ( )

    A. 对              B. 错

## 二、多项选择题

1. 电商客服应具备的心理素质包括( )。

    A. 处变不惊       B. 承受挫折       C. 控制情绪       D. 调节压力

2. 电商客服应具备的道德素质包括( )。

    A. 诚实守信       B. 团结互助       C. 顾客第一       D. 爱岗敬业

3. 电商客服应具备的专业素质包括( )。

    A. 语言表达能力       B. 专业知识       C. 打字速度       D. 产品推广

4. 客服与客户沟通的原则有( )。

    A. 谦虚有礼       B. 善于聆听       C. 尊重客户       D. 理性沟通

5. 促成交易的方法有( )。

    A. 优惠成交法       B. 从众成交法       C. 赞美肯定成交法

    D. 步步为营成交法       E. 用途示范成交法

## 三、简答题

1. 与客户沟通的原则有哪些?

2. 说服客户下单有哪些方法？

3. 处理客户投诉的基本原则有哪些？

4. 处理客户投诉的策略是什么？

5. 怎样处理好中、差评？

### 四、案例分析题

在工作过程中可能会遇到很多新的问题和突发状况，客服人员需要具备分析和解决问题的能力，以便能够独自处理问题。

客户：我的产品收到就是坏的，怎么办？

客服：您好，产品是哪部分损坏了呢？

客户：底盘裂了。

客服：您好，收到产品时包装是否有损坏呢？

客户：包装有些破损了，但是我还是签收了。

客服：您收到包装有破损的产品首先应该拒收。因为在物流过程中，如果快递员把包装损坏了，也有可能会对产品造成损坏呢。

客户：那怎么办，我要去找快递员吗？你们不管吗？

客服：您好，请放心，我们的产品是破损包换的，您购买产品时我们都赠送了运费险，您只要把产品退回给我们就可以了，我们会重新寄一个产品给您。

**思考题：**

(1) 客服是如何协助客户分析问题时？

(2) 这个案例说明了客服需要具备哪方面的能力？

# 项 目 实 训

## 电 商 客 服

请结合售后客服岗位技能要求、专用语、沟通技巧和常用工具，完成以下实训任务。

### 实训目的

掌握售后客服岗位技能要求、专用语、沟通技巧和常用工具。

### 实训内容

(1) 个人：作为负责人，负责协调和领导整个客服团队共同完成实训任务。

(2) 任务：该如何解决货损或物流的问题，具体有哪些可行的办法？个人完成。

实训要求

| 训练项目 | 训练要求 | 备　注 |
|---|---|---|
| A 客户从店铺中买了一件衣服，并已付款，于是客户联系客服，咨询发货时间 | 客户：在吗？<br>客服：<br>客户：我已经付款了，请问什么时候能发货？<br>客服：<br>客户：今天不能发吗？<br>客服：<br>客户：那到时一定能发出吗？<br>客服： | 遇到这样的问题，作为客服应该如何回答 |
| 引导客户换货的售后咨询实训 | 客户：在么？东西收到了，但是我不喜欢，穿起来有点包身，要退货！<br>客服：<br>客户：可是穿上的效果显老气，我不想要了，还是退了吧。<br>客服：<br>客户：好的，你发链接给我吧，我去看看。<br>客服： | 客服该如何引导才合适？请完善客服的话 |
| 退货物流细节咨询实训 | 客户：OK，这个你们说是质量问题，那么退货运费你们出对吧？<br>客服：<br>客户：为什么要垫付啊？我直接快递，你们到付就好啦！<br>客服：<br>客户：好吧好吧，发了联系亲。 | 你觉得客服该如何引导才合适？请完善客服的话 |
| B 客户从店铺中买了一件衣服，收到货后发现衣服上有一个破洞，于是客户联系客服 | 客户：在吗？<br>客服：<br>客户：衣服收到了，但是在左肩膀处有一个隐隐约约的小洞，要换货！<br>客服：<br>客户：怎么换？<br>客服：<br>客户：运费怎么处理？<br>客服：<br>客户：什么时候能收到换的货？<br>客服： | 遇到这样的问题，作为售后客服应该如何处理 |
| C 客户从店铺中买了一件衣服，收到货后发现衣服上有一个破洞，但是客户没有联系客服，而是直接在评价区给了差评 | 客服：<br>客户：<br>客服：<br>客户：<br>客服：<br>客户：<br>客服：<br>客户：<br>客服： | 遇到这样的问题，作为售后客服应该如何处理。(注：请学生自行设计对话) |

# 课 程 思 政

　　实体经济的创新发展要坚持以人为本的思想，顾客至上，以市场需求为重点，结合传统经营经验，与时俱进提高实体经济的竞争力。结合本章内容，一方面说明社会信用对市场经济体制很重要，是基础之一；另一方面说明社会信用对构建新发展格局、推进高质量发展的重要性。企业经营要强调诚信经营，一方面说明诚信对于推进社会文明的重要性，另一方面也是铸就社会主义文化的重要内容。强调"诚信建设的长效机制"，不是短期的而是长期的，不是简单举措而是构建机制。我们应深入学习、准确领会二十大报告精神，倍加珍惜新时代的成就经验，做到规范经营、诚信经营，为新时代中国特色社会主义发展贡献力量。

# 参 考 文 献

[1] 六点木木. 淘宝开店从新手到皇冠：开店+装修+推广+运营一本通[M]. 3 版. 北京：电子工业出版社，2021.

[2] 阿里巴巴商学院. 电商运营[M]. 2 版. 北京：电子工业出版社，2019.

[3] 崔恒华. 电商运营实操[M]. 北京：电子工业出版社，2018.

[4] 葛青龙. 网店运营与管理[M]. 2 版. 北京：电子工业出版社，2022.

[5] 吴成，王薇. 网店运营综合实战[M]. 重庆：重庆大学出版社，2021.

[6] 白东蕊. 网店运营与管理[M]. 2 版. 北京：人民邮电出版社，2021.

[7] 淘宝天猫店运营[M]. 北京：清华大学出版社，2020.

[8] 刘祥. 网店运营推广[M]. 北京：电子工业出版社，2020.

[9] 于含. 网店运营与管理[M]. 北京：机械工业出版社，2021.

[10] 崔恒华. 网店推广、装修、客服、运营一本通[M]. 北京：电子工业出版社，2016.

[11] 阿里巴巴商学院. 网店客服[M]. 北京：电子工业出版社，2016.

[12] 刘敏. 跨境电子商务沟通与客服[M]. 北京：电子工业出版社，2017.

[13] 庞海松. 网店客服实训教程[M]. 杭州：浙江大学出版社，2017.